Tobias Krämer

# Das Israel-Projekt

Warum Israel für deinen persönlichen Glauben relevant ist

AF627174

Tobias Krämer

# Das ISRAEL Projekt

Warum Israel
für deinen persönlichen Glauben
relevant ist

Hänssler

Die automatisierte Analyse des Werkes, um daraus Informationen insbesondere über Muster, Trends und Korrelationen gemäß § 44b UrhG (»Text und Data Mining«) zu gewinnen, ist untersagt.

MIX
Papier | Fördert gute Waldnutzung
FSC® C018236
FSC
www.fsc.org

4. Auflage 2026

© 2021 Hänssler in der SCM Verlagsgruppe GmbH
Max-Eyth-Str. 41 · 71088 Holzgerlingen
haenssler.de

Soweit nicht anders angegeben, sind die Bibelverse
folgender Ausgabe entnommen:
Neues Leben. Die Bibel, © der deutschen Ausgabe 2002
und 2006 SCM R.Brockhaus in der SCM Verlagsgruppe GmbH Holzgerlingen.
Weiter wurden verwendet:
Lutherbibel, revidiert 2017, © 2016 Deutsche Bibelgesellschaft, Stuttgart (LUT)

Umschlaggestaltung: Stephan Schulze, Stuttgart
Titelbild: unsplash-Davis Maier, Olga Thelavart, curology, Kiwihug;
freepik-Olive Tree
Autorenfoto: © Naemi Frey
Satz: typoscript GmbH, Walddorfhäslach
Druck und Bindung: dimograf Sp. z o.o.
Gedruckt in Polen
ISBN 978-3-7751-6184-8
Bestell-Nr. 396.184

# Inhalt

# His Story – My Story – Our Story: Warum ich dieses Buch geschrieben habe

2006 ist für mich ein ganz besonderes Jahr. Dieses Jahr wurde zu einem Wendepunkt in meinem Leben, weil hier der Anfang meiner persönlichen Geschichte mit Israel liegt.

Zu diesem Zeitpunkt war ich längst Diplomtheologe, Pastor und leidenschaftlicher Bibellehrer, hatte aber keine Ahnung von Israel. Man kann heute gut durch ein Theologiestudium kommen und jahrelang Pastor sein, ohne auf Israel zu stoßen! Israel war einfach kein Thema für mich. Ich hielt es für unwesentlich und in der Gemeinde wurde ich nie danach gefragt. Dazu muss ich gestehen: Ich kannte ein paar »Israel-Freaks«, durch die mir bewiesen schien, dass Israel nur etwas für verquere Typen war.

Dann kam das Jahr 2006. In Berlin wurde der *1. Gemeinde-Israel-Kongress* abgehalten. Mir war meine Bildungslücke in Sachen Israel bewusst und so fuhr ich hin. Dieser Kongress veränderte mein Leben. Denn es geschah, womit ich nicht gerechnet hatte: Gott berührte mein Herz. Die Liebe, die Gott zu seinem Volk Israel hat, spürte ich plötzlich selbst in mir, und daran hat sich bis heute nichts geändert.

Der Kongress selbst war für mich ein Wechselbad der Gefühle. Zwischen Faszination und handfestem Ärger war alles dabei. Aus manchen Ecken des Kongressgeschehens kam mir einiges an

Religiosität entgegen. Das stieß mich ab. An anderen Ecken tat sich mir die Bibel auf wie nie zuvor. Das zog mich in den Bann. Vor allem aber bewegte mich die hohe Authentizität der Sprecher und Sprecherinnen. In den Herzen dieser Menschen war etwas, das ich nicht kannte. Das war echt. Es war biblisch und vom Heiligen Geist gewirkt.

Der Kongress hat in mir mehr Fragen aufgeworfen als beantwortet. Da ich aber Spaß am Forschen habe, fühlte ich mich positiv herausgefordert. Jetzt wollte ich es wissen! Mein Plan war, mich durch einen Stapel Fachliteratur hindurchzuarbeiten. In drei Monaten, so dachte ich, müsste das zu schaffen sein. Aus den drei Monaten sind inzwischen viele Jahre geworden!

Unterwegs traf ich in meiner eigenen Gemeinde auf Mitstreiter. Dazu muss man wissen: Ich war damals in einer großen Gemeinde mit mehreren Tausend Gottesdienstbesuchern, die aber keinen Zugang zu Israel hatte. Unter den Tausenden waren aber ein paar Israelfreunde und plötzlich entdeckte ich sie. Richtige Israelexperten, die schon Jahrzehnte mit diesem Thema befasst waren. Wir trafen uns, forschten miteinander, tauschten uns aus und diskutierten, bis uns die Köpfe rauchten.

Wir waren eine bunt gemischte Gruppe und gerade das war das Interessante. Aufgrund meiner theologischen Prägung kam ich vom Neuen Testament und der Systematischen Theologie her. Andere waren Koryphäen im Alten Testament oder der Kirchengeschichte. Wieder andere kamen vom Judentum her und eine Teilnehmerin hatte sogar einige Jahre in Israel gelebt – ein spannender Mix! Zu Beginn verstanden wir uns eigentlich nicht sonderlich gut. Welten stießen aufeinander. Aber wir ließen uns aufeinander ein und sind miteinander gewachsen. Das war eine Erfahrung, die mich glücklich gemacht hat, und ich war seither in keiner gewinnbringenderen Arbeitsgruppe mehr.

Eines wurde mir jedoch klar: Das Thema Israel kann man nicht isoliert behandeln. Es betrifft den Glauben insgesamt – und jeden seiner Bereiche. Aus dem punktuellen Forschungsprojekt war ein Lebensthema geworden. Und irgendwie fühlte ich, dass ich im Grunde nochmals von vorn beginnen musste. Neustart also.

Nochmals von vorn hieß für mich, dort zu beginnen, wo alles losgegangen war. *Back to the roots*: Der Slogan ist ja modern. Viele interessieren sich heute für ihre persönlichen Wurzeln und ihre familiäre Vorgeschichte. Sie spüren, dass das etwas mit ihnen als Person und ihrer Identität zu tun hat. Das ist nicht nur interessant, sondern sagt etwas darüber aus, wo wir herkommen. Genau so ist das mit unserem Glauben auch. Es macht einen Unterschied, ob wir einfach nur glauben oder unseren Glauben in die atemberaubende Geschichte eingebettet sehen, die bei Abraham beginnt und über uns hinweg weit in die Zukunft führt – bis ans Ende der Welt sozusagen. Unser Glaube an Jesus steht nicht für sich allein. Er ist eingebunden in diesen großen Bogen der sogenannten Heilsgeschichte.

Heilsgeschichte ist ein recht abstraktes Wort. Es handelt sich um die Geschichte des heilenden Wirkens Gottes von seinen Anfängen bis zum Ende, wenn Jesus wiederkommt und sagt: *Ja, ich mache alles neu!* (Offenbarung 21,5a). Damit ist schon angedeutet, welchen Weg ich in diesem Buch beschreiten will.

Das Buch, das du gerade in der Hand hältst, ist kein klassisches Israelbuch. Ich schreibe hier nicht nur über Israel, sondern möchte die vielen Bezüge aufzeigen, in denen Israel steht: zu uns Christen, zum Neuen Testament, zur Frühzeit eines Abraham bis hin zur Ewigkeit eines neuen Jerusalem. Überall steckt Israel drin! Diese Dimension haben wir weitgehend verloren. Schon ziemlich lange. Mein Konzept ist im Grunde ganz einfach: Ich erzähle die Heilsgeschichte nach. Komplett. Den ganzen großen Bogen.

Israel ist ein *Big Player* in der Heilsgeschichte – und ein *Global Player.* Wenn ich also die Heilsgeschichte nacherzähle, dann ist Israel mittendrin und ein besonderer Schwerpunkt. Damit das Ganze überschaubar bleibt, steuere ich gezielt Knotenpunkte der Heilsgeschichte an: Stellen, wo richtig was passiert ist oder noch passieren wird. Sodass man den roten Faden, die Linie Gottes, sieht. An jeder Stelle könnte man Exkurse nach links und rechts machen, doch hier soll es um den großen Bogen der Bibel gehen, dafür aber von A bis Z.

Du wirst sehen: Es gibt unterwegs ungeheuer viel zu entdecken! Die vielen Bausteine, von denen du wahrscheinlich schon einige kennst, ergeben plötzlich ein Gesamtbild, das Sinn macht. Manches wird zurechtgerückt, anderes kommt an den richtigen Platz. Missverständnisse werden geklärt und Fehlschlüsse behoben. Dein Glaube bekommt neue Impulse und die unsichtbare Wand, die zwischen uns und Israel bzw. den Juden steht, wird eingerissen. Deine Glaubensperspektive wird sich vergrößern und erweitern. Denn es geht nicht nur um dein Seelenheil, deine Gemeinde und dein Privatleben – so wichtig das alles ist. Es geht um etwas Größeres: um den Masterplan Gottes.

Wir starten mit Abraham. Danach geht es um die Geschichte Gottes mit Israel, wie sie das Alte Testament erzählt. Im Folgenden stehen Jesus und Paulus im Mittelpunkt des Interesses. Ein weiterer Teil ist den beiden Größen Israel und Gemeinde Jesu gewidmet. Ein harter, aber ehrlicher Aspekt sind die Abgründe der Geschichte: von der Tempelzerstörung 70 n. Chr. bis zum Holocaust. Schließlich schauen wir uns noch die Wunder der Wiederherstellung Israels an und nehmen zu guter Letzt einen Ausblick auf die Rückkehr Jesu. *Er wird alle ihre Tränen abwischen, und es wird keinen Tod und keine Trauer und kein Weinen und keinen Schmerz mehr geben* (Offenbarung 21,4). Es gibt also ein gutes Ende!

Also – fangen wir an. Bist du bereit?

Bevor ich loslege, will ich dich ein wenig herausfordern. Schreib bitte mal spontan auf, was du über Israel denkst. Gedanken, Gefühle, Fragen, Assoziationen – alles, was dir einfällt. Gerne nur stichwortartig. Ich komme am Ende des Buches darauf zurück.

Und noch etwas: Falls ihr das Buch als Kleingruppe lest, habe ich hinten noch ein paar Fragen angehängt, die zu jedem Kapitel passen und garantiert für lebendige Gespräche sorgen.

# Die Anfänge: Der Abrahamsbund

Am Anfang schuf Gott Himmel und Erde. Warum fängt die Bibel mit diesem Satz an? Weil damit gleich von Anfang an klargemacht wird, worum es geht. Es geht um den Gott, der alles, was es gibt, geschaffen hat, und es geht um die ganze Welt. Es geht nicht nur um Christen oder Juden, es geht nicht nur um Sünde und Erlösung, es geht nicht nur um Gemeinde, Evangelisation, Seelsorge, Lobpreis und was uns Christen sonst so beschäftigt. Es geht in der Bibel nicht nur um dich und mich und generell nicht um etwas – sondern um alles. Und darum, dass alles seinen Ursprung in Gott hat.

Dieser Anfangssatz der Bibel ist eine steile Aussage. Die Menschen zu biblischen Zeiten mussten bei diesem Satz richtig schlucken, denn er war ein Angriff auf die Vielgötterei. Wenn es einen Gott gibt, auf den alles zurückgeht, dann sind die vielen Götter ja eigentlich keine Götter. Oder nur Götter zweiter Klasse, jedenfalls nicht der eine Gott. Der Satz ist also ein Affront gegen alle anderen Götter, Göttererzählungen und Religionen.

In diesem ersten Satz der Bibel ist die Grundlage für den Monotheismus gelegt, also für den Glauben, dass es unterm Strich nur einen Gott gibt und nicht viele. Von diesem einen Gott berichtet die Bibel. Glaube an Gott ist nichts Harmloses. Glaube hat auch etwas Herausforderndes. Vielleicht hast du es auch schon erlebt, dass Freunde oder Bekannte sich durch deinen Glauben angegriffen fühlten, obwohl du das eigentlich gar nicht wolltest.

## Beziehungsrisse

Der Schöpfergott legt sich am Anfang der Bibel mächtig ins Zeug. Sechs Tage ist er an der Arbeit, am siebten ruht er. Mit seinem Werk ist er zufrieden. Alles ist gelungen, die Schöpfung ist, wie er selbst sagt, »sehr gut« (1. Mose 1,31). Alles passt, alles ist in Ordnung. Dann ein Riss. Schon die ersten Menschen missachten Gottes Willen und verscherzen sich die unbefangene Gemeinschaft mit ihm. Sie müssen den Garten Eden, wo sie bisher mit Gott zusammen in paradiesischen Umständen gelebt haben, verlassen. Hinter ihnen wird die Tür zugemacht und sie finden sich draußen, in der rauen Welt, wieder.

Nun geht die Geschichte getrennt von Gott weiter. Und was geschieht? Sofort geht es bergab. Schon bald geschieht der erste Mord und nach nicht allzu langer Zeit hat das Böse so sehr zugenommen, dass Gott beschließt, eine weltweite Flut zu schicken, um alles Leben zu vernichten. Gott sehnt sich nach einem Neuanfang. Noah ist sein Mann (1. Mose 6–8). Denn Noah ist ein guter und gerechter Mensch. Der große Durchbruch ist dies zwar nicht, denn danach geht es ähnlich schlecht weiter. Aber immerhin verspricht Gott, die Lebenskreisläufe in Zukunft zu erhalten. Saat und Ernte, Frost und Hitze, Sommer und Winter, Tag und Nacht sollen sich für immer abwechseln. Nie wieder wird Gott eine Sintflut schicken. Dieses Versprechen hat er seither eingehalten und es sichert bis zum heutigen Tag unsere Existenz.

Das Böse ist aber nicht gebannt. Es findet immer neue Formen und Ausdrucksweisen. Am Ende des Einleitungsteils der Bibel (1. Mose 1–11) tut sich die ganze Menschheit zusammen, um einen großen Turm zu bauen. Diese Aktion geht als Turmbau zu Babel in die Geschichte ein. Der Zweck der Sache ist es, groß rauszukommen. Ohne, ja, gegen Gott. Gott greift ein und verhindert diesen Plan. Er zerstreut die Menschheit und verwirrt ihre Sprache, sodass wir heute viele Völker mit unterschiedlichen Sprachen haben. Die Gefahr ist fürs Erste gebannt. Wie aber macht Gott weiter?

Nach all diesen Geschichten, die aus globaler Perspektive geschrieben sind, schaltet der Erzähler um. Die biblische Kamera verlässt die Totale und wird neu ausgerichtet. Aus den vielen Menschen der vielen Völker wird eine Person herausgegriffen. Sie wird herangezoomt und in den Fokus genommen, sodass alle auf sie schauen. Diese Person muss wichtig sein, wenn sie so stark hervorgehoben wird, und das ist sie auch wirklich. Fast jeder kennt sie. Ihr Name: Abraham.

## Ein dreifaches Versprechen

Eigentlich war Abraham, oder Abram, wie er zunächst hieß, ein Nobody. Ein normaler Nomade in Mesopotamien, wie es damals viele gab. Was aber macht ihn so bedeutungsvoll? Buchstäblich aus heiterem Himmel gibt Gott Abraham ein gewaltiges Versprechen: Er soll ein Land bekommen und aus ihm soll ein Volk entstehen (1. Mose 12,1-2). Wer den Fortgang der Geschichte kennt, der weiß, dass sie auf Israel hinausläuft. Auf das Volk Israel im späteren Land Israel.

Ein Land zu bekommen, ist eine krasse Geschichte. Stell dir mal vor, dein Pastor würde nächste Woche im Gottesdienst verkünden: »Ich bekomme Österreich!« Was würdest du darüber denken? So ähnlich muss das damals mit Abraham auch gewesen sein. Dieses Land ist für ein Volk gedacht, für die Nachkommen Abrahams, Isaaks und Jakobs, also für Israel. Volk und Land gehören zusammen. Gemeinsam bilden sie das, was wir heute eine Nation nennen. Volk plus Land gleich Nation. Kurz gesagt: Gott verspricht

Abraham, dass er der Vater einer Nation werden wird, nämlich der Nation Israel. Ist das nicht gigantisch?

Das aber hat Konsequenzen. Nicht nur für Abraham und seine Nachkommen, sondern auch für das Land. Auf dem Land Kanaan liegt nun eine Bestimmung Gottes. Es ist das Land für Israel. Gott will es dazu gebrauchen, dass sein Volk darin leben kann – zusammen mit seinem Gott – und so eine Nation werden kann zum Segen für die Welt. Das ist der Plan. Gott gehört schließlich die ganze Welt. Zu den meisten Ländern hat er sich nicht geäußert. Er überlässt sie den Menschen und dem Lauf der Geschichte. An manchen Stellen gibt es Streit. Griechenland und die Türkei beispielsweise streiten sich um Zypern. Doch das müssen sie selbst miteinander ausmachen, denn zu Zypern hat Gott nichts gesagt. Zu dem kleinen Landstrich zwischen Mittelmeer und Jordan aber schon. Dieser Landstrich ist für Israel bestimmt – und für Gottes Plan mit Israel. Deshalb kann Gott an dieser Stelle auch allergisch reagieren: *Sie haben mein Land geteilt!* ist ein Vorwurf, den Gott im Endgericht den Nationen machen wird (Joel 4,2). Jenes Land ist das Land, das Gott für sich reklamiert und das für Israel gedacht ist. Ganze Kontinente stehen den Völkern zur freien Verfügung, nicht aber dieses Land. Das ist für Gott und Israel.

Wenn du das heute zu Ende denkst, wird deutlich, dass es im Nahostkonflikt heute nicht nur um menschliche Spannungsfelder geht. Es geht darum, ob das Land in seine göttliche Bestimmung kommen kann oder nicht.

Das Israel-Projekt Gottes hat einen bestimmten Zweck: Es soll zum Segen der Welt werden, wie wir gleich im Bibeltext sehen werden. Israel ist der Kanal, durch den Gott seinen Segen in die Welt fließen lassen möchte. Dieser Gedanke ist gewöhnungsbedürftig. Könnte Gott die Welt nicht auch anders segnen? Direkt und ohne Israel? Natürlich könnte er das. Aber er tut es nicht.

Gott wählt Abraham bzw. Israel. Das Versprechen an Abraham ist gemacht, der Pflock ist gesetzt und dabei bleibt es. Gott hat sich entschieden, wie er vorgehen will, also läuft es auch so. Hier nun der Text:

> Dann befahl der Herr Abram: »Verlass deine Heimat, deine Verwandten und die Familie deines Vaters und geh in das Land, das ich dir zeigen werde! Von dir wird ein großes Volk abstammen. Ich will dich segnen und du sollst in der ganzen Welt bekannt sein. Ich will dich zum Segen für andere machen. Wer dich segnet, den werde ich auch segnen. Wer dich verflucht, den werde ich auch verfluchen. Alle Völker der Erde werden durch dich gesegnet werden.«
> *1. Mose 12,1-3*

Gottes Versprechen an Abraham hat drei Komponenten: Volk, Land und Segen. Wie in einem Samenkorn ist darin alles enthalten, was sich in der Heilsgeschichte entfalten und am Schluss zur Vollendung kommen wird. Hast du schon mal einen Samen gesät und zugeschaut, wie er keimt und zu einer Pflanze heranwächst? So ähnlich kannst du dir das mit der Abrahamsverheißung auch vorstellen. Volk und Land sind irdische Dinge. Sie sind gegenständlich und greifbar. Das Volk, die Juden, sind Menschen aus Fleisch und Blut und das Land, Kanaan, ist das uns bekannte Israel – ebenjener Landstrich zwischen Mittelmeer und Jordan. Die dritte Komponente, der Segen, liegt auf einer anderen Ebene.

Segen ist etwas Geistliches und kommt von Gott, aus dem Himmel herab. Hinter Gottes Segen steht die gnädige Zuwendung Gottes. Klassisch ist dies im sogenannten Aaronitischen Segen ausgedrückt:

> Der Herr segne dich und beschütze dich. Der Herr wende sich dir freundlich zu und sei dir gnädig. Der Herr sei dir besonders nahe und gebe dir seinen Frieden.
> *4. Mose 6,24-26*

Das ist Segen: die Nähe und Freundlichkeit Gottes zu erfahren. Segen kann viele Facetten haben. Der größte Segen wird die ultimative Erlösung sein, die am Ende der Tage kommen wird: die Befreiung von Sünde, Teufel und Tod und von all dem Leid, das die Menschen quält.

## Bund mit Bestand

Das dreifache Versprechen Gottes an Abraham wird oft auch Abrahamsbund genannt. Auch wenn das Bundesritual erst in 1. Mose 15 folgt, hat Gott sich durch sein Versprechen an Abraham bereits gebunden. Von daher passt der Begriff.

**Abrahamsbund**

Wir stellen uns unter einem Bund meist zwei Beteiligte vor, die beide in den Bund eintreten, so wie zum Beispiel in den Bund der Ehe. Im Hebräischen ist das anders. Das hebräische Wort für Bund, *berît*, kann auch einseitig gebraucht werden. Eine einzelne Person bindet sich an eine andere, unabhängig davon, was diese macht. Im Deutschen würden wir eher von einem Schwur, einem Eid oder eben einem Versprechen reden. Genau das geschieht hier: Durch sein Versprechen bindet Gott sich selbst an Abraham und seine Nachkommen.

Gott ist mit diesem Bund nun nicht mehr frei. Er hat sich festgelegt. Deshalb muss die Geschichte so ausgehen, dass Israel am Ende in seiner vollen Bestimmung sein wird, ein Segen für die Welt zu sein. Und so wird es auch kommen, lies dazu gerne einmal nach in Jesaja 2,1-5.

Drei Züge am Abrahamsbund will ich hervorheben, die besonders sind: Der Abrahamsbund ist einseitig, bedingungslos und ewig.

- **Er ist einseitig:** Gott gibt Abraham sein Versprechen einfach mit auf den Weg, ohne dass auch Abraham etwas versprechen müsste.
- **Er ist bedingungslos:** Abraham bekommt Gottes Versprechen einfach blanko in die Hand. Gott fordert weder eine Gegenleistung noch stellt er Bedingungen.
- **Er ist ewig:** Gott hat sein Versprechen nicht zeitlich begrenzt. Also ist es über alle Zeiten hinweg gültig. Später, bei der Weitergabe an Isaak und Jakob, wird ausdrücklich gesagt, dass der Bund ewig ist.

Das heißt: Der Bund gilt und hat Bestand. Für immer und ewig, komme, was wolle. Warum? Weil er aus einem Versprechen Gottes besteht. Und Gott hält sein Wort. Sobald wir diesen Bund antasten, tasten wir Gottes Integrität an. Wir unterstellen ihm, dass er sein Wort bricht. Aber wenn Gott die Zusagen an Israel nicht hält, wie kannst du dann gewiss sein, dass er die an uns Christen hält? Hier dürfen wir umdenken. Gott hält sein Wort, also auch das an Israel. Wenn du das glaubst, dann landest du an der Seite Israels. Dort ist natürlicherweise dein Platz als Christ oder Christin.

Der Abrahamsbund ist ein Geschenk Gottes. Ein riesiges Geschenkpaket mit Schleife und Grußkarte. Stell dir die Szene doch mal vor: Abraham sitzt in der Steppe und hütet seine Schafe und

Ziegen. Tag für Tag. Da sitzt er und denkt nichts Gutes und nichts Böses. Von Gott hat Abraham keine Ahnung. Er kennt ihn nicht und will auch nichts von ihm. Wahrscheinlich war Abraham ein Götzenanbeter, wie alle damals. Völlig ahnungslos sitzt er also da. Und plötzlich bekommt er vom Himmel herab diese gigantischen Zusagen. Was für ein Ereignis, was für eine gewaltige Erfahrung!

Abraham muss völlig platt gewesen sein. Wahrscheinlich hat er gleich überlegt, wie all das geschehen könnte, was Gott ihm zugesagt hat, und vermutlich ist er dabei schnell an seine Grenzen gekommen. Gott übersteigt die Grenzen des Vorstellbaren. So ist Gott und das ist stark. Darin zeigt sich aber auch Gottes Wesen. Gott tritt hier als gebender und schenkender Gott in Erscheinung, als ein Gott der Liebe, der Zuneigung und des Segens, als guter Gott. Gottes Versprechen ist reine Gnade. Also ist der Abrahamsbund ein Gnadenbund. Darin zeigt sich Gottes Herz auch für uns heute. Gott will segnen. Er will seine Fülle nicht für sich behalten, sondern weitergeben. Mit Abraham geht es los. Danke, Gott, dass du so gut bist!

Gott ist aber auch weitsichtig. Er sieht voraus, dass sein Segen nicht bei allen Menschen willkommen sein wird. Und sein Segensträger Israel auch nicht. Gott rechnet mit Widerstand, ja Feindschaft. Also muss Israel geschützt werden. Gott tut dies, indem er einen geistlichen Mechanismus in die Weltgeschichte einbaut:

> Wer dich segnet, den werde ich auch segnen. Wer dich verflucht, den werde ich auch verfluchen.
>
> *1. Mose 12,3*

Die Menschen stehen vor der Entscheidung, wie sie sich zu Israel stellen. Das gilt für die Nationen, für Großorganisationen und Kirchen, aber auch für jeden Einzelnen. Es gilt für mich und auch für dich, deine Familie und Gemeinde. Es gilt für die Städte, in denen wir leben, und die Betriebe, in denen wir arbeiten. Alle müssen eine Haltung zu Israel einnehmen, ob sie wollen oder nicht, und alle tun das auch. Viele werden sagen, sie hätten keine Haltung zu Israel. Dann sind sie gleichgültig – auch das ist eine Haltung.

Dazu muss man wissen, dass man wörtlich übersetzen müsste: »Wer dich gering achtet oder für zu leicht nimmt, den werde ich verfluchen.« Ein recht geringes Vergehen (Geringachtung) wird relativ hart geahndet. Das ist schon krass! Gott reagiert auf unsere Haltung: Wer Israel segnet, wird von Gott Segen empfangen. Gott fördert die, die Israel segnen, und gibt ihnen Rückenwind. Wer Israel aber flucht, der wird von Gott Fluch ernten. Wer Israel gegenüber positiv eingestellt ist, der kann erkennen, welcher Segen durch Israel in die Welt kommt, und kann daran teilhaben. Wer aber negativ eingestellt ist, der lehnt ohnehin alles ab, was von Israel kommt.

Es gibt heute viel Negativität gegen Israel. Auch in christlichen Kreisen. Dabei sollten wir vielmehr segnen. Dann kommt auch Segen zu uns zurück. Das heißt nun nicht, dass wir alles toll finden müssen, was in Israel geschieht. Aber unser Herz muss stimmen. Es muss rein und segnend sein und wir sollten Israel das volle Gewicht geben, das erwählte Volk zu sein, mit dem Gott im Bund steht, auch wenn Israel noch nicht in seiner endgültigen Bestimmung ist. Segen und Fluch entscheiden sich maßgeblich an der Einstellung zu Israel. Dieser Mechanismus ist niemals wieder aufgelöst worden. Er gilt bis heute.

## Glaube an den Gott Israels

Der Abrahamsbund ist gesamtbiblisch gesehen von allergrößter Bedeutung. Hier liegt der Beginn der Heilsgeschichte, der Geschichte des heilenden Wirkens Gottes. Hier beginnt Gott, die Geschichte zu schreiben, die über Israel zu Jesus und zur Erlösung der Welt führt. Sie mündet ein in eine neue Welt, in der es kein Leid und keine Tränen mehr gibt (Offenbarung 21–22). Der Beginn dieser Geschichte liegt nicht bei Jesus, wie Christen oft meinen. Er liegt bei Abraham. Hier geht es los. Alles noch klein zusammengepackt in dem Stichwort *Segen*. Aber schon groß dimensioniert, weil es sich um Segen für die ganze Welt handelt.

Ein zweiter Aspekt ist nicht weniger bedeutungsvoll. Indem Gott Abraham und seinen Nachkommen die genannten Versprechen mit auf den Weg gibt, bindet er sich an Israel. Gott und Israel gehören zusammen. Für Zeit und Ewigkeit. Hier gibt es kein »... bis dass der Tod euch scheidet«. Der eine und einzige Gott, der Schöpfer aller Dinge, hat sich selbst an Israel gebunden. Nun ist er der Gott Israels und Israel ist Gottes Volk. Dafür hat Gott selbst gesorgt und deshalb wird sich dies nie wieder ändern. Ist das nicht der Hammer?

Hinter dieser Aussage steht eine atemberaubende Kühnheit. Der Schöpfer der Welt Gott eines Volkes! Das wäre dreist, überheblich oder einfach verrückt, wenn nicht Gott selbst hinter dieser Aussage stehen würde. Das aber tut er. Denn es ist Gott höchstpersönlich, der sich zum Gott Israels gemacht hat. So sagt es die Bibel.

Wenn nun Gott tatsächlich der Gott Israels ist, dann bleibt uns Christen nichts anderes übrig, als daraus die Konsequenz zu ziehen. Und die lautet: Du und ich glauben an den Gott Israels. Hast du darüber schon einmal nachgedacht? Wir glauben nicht nur allgemein an den Schöpfergott. Und wir glauben auch nicht an den Gott Deutschlands, wie früher die Assyrer an die assyrischen Gottheiten und die Perser an die persischen Götter geglaubt haben. Wir glauben, dass es nur einen Gott gibt, den Schöpfer, und dass dieser eine Gott der Gott Israels ist. Das ist es, was Israel so besonders macht. Für Gott, für die Völker und für uns Christen.

Gott ist und bleibt der Gott Israels. Aber nicht im exklusiven Sinn. Durch Jesus wurde Gott auch unser Gott. Wir dürfen dazukommen und Gott Vater nennen (Epheser 2,11-22 und 1. Johannes 3,1). So herum wird biblisch gesehen ein Schuh draus.

## Wie es weitergeht

Abraham trägt also Gottes Versprechen in seinem Herzen. Auf Gottes Anweisung hin reist er nach Kanaan, in das versprochene Land, erwirbt sich die Höhle Machpela und wird darin mit seiner Frau Sarah begraben. Mehr sieht er von den Versprechen Gottes nicht. Vorher zeugt er aber noch zwei Söhne. Den einen aus Verzweiflung mit seiner Magd Hagar, den anderen als den versprochenen Sohn mit seiner hochbetagten Frau Sarah. Die Rede ist von Ismael und Isaak.

Ismael ist Abrahams erstgeborener Sohn und hätte eigentlich eine hervorgehobene Stellung haben sollen. Er ist aber nicht der von Gott versprochene Sohn. Die Erwählungslinie läuft nach Gottes Willen von Abraham zu Isaak, nicht zu Ismael. Interessant ist, dass genau an dieser Stelle der Islam einhakt und das Gegenteil behauptet. Für die Muslime läuft die Erwählungslinie nicht über Abraham zu Isaak, Jakob und Israel, sondern über Ismael zu den muslimischen Völkern im Nahen Osten. Das ist jedoch ein Konstrukt. Denn der Islam ist erst im 7. Jahrhundert n. Chr. entstanden, Ismael hat aber, grob eingeordnet, um das Jahr 2000 v. Chr. gelebt.

Deshalb ist es im Grunde unmöglich, die arabisch-islamischen Nationen bis auf Ismael zurückzuverfolgen.

In der nächsten Generation läuft es ähnlich. Isaak bringt Jakob und Esau hervor. Auf Esau als den Erstgeborenen hätte die Linie eigentlich zulaufen müssen. Aber Jakob ist ein Pfiffikus und luchst Esau das Erstgeburtsrecht ab. Von Jakob wird oft schlecht gedacht, aber im Grunde tut er nichts Verwerfliches. Er nutzt nur seine Chance, einen guten Deal zu machen: Linseneintopf gegen Erstgeburtsrecht. Esau lässt sich darauf ein. Das ist aber nicht Jakobs Schuld. Jakob kapiert, was wirklich wichtig ist, während Esau sich von seinem leeren Magen leiten lässt. Jakob ist nicht unfair, sondern Esau ist dumm.

Mutter Rebekka wiederum ist auf Jakobs Seite und will, dass Jakob nun auch den Erstgeburtssegen von seinem Vater Isaak bekommt. Das ist nur logisch, denn das Erstgeburtsrecht hat er ja schon und so steht ihm der Segen zu. Isaak aber hängt sehr daran, dass Esau sein Erstgeborener ist. Also wird Isaak ausgetrickst. Das ist zwar nicht die feine englische Art, aber im Grunde folgerichtig. Das Ende vom Lied: Die Linie Gottes läuft von Abraham über Isaak zu Jakob. Gott folgt nicht der natürlichen Linie über die erstgeborenen Söhne, sondern seiner eigenen Linie – der Erwählungslinie (vgl. Römer 9,6-13).

Daran wird deutlich, dass Gott sich nicht von menschlichen Bedingungen abhängig macht. Ihren Ursprung allerdings hatte diese Linie in Abraham. Denn das hatte Gott versprochen. In diese Linie gehört übrigens auch Jesus Christus hinein. Würde er nicht aus dieser Linie kommen, so hätte er auch keine geistliche Relevanz. Warum? Weil Gott sich an Abraham gebunden hat.

Also musste der Messias, der Retter Israels und Erlöser der Welt, auf den im Alten Testament und in den jüdischen Schriften hingewiesen wird, ein Nachkomme Abrahams sein. Für Matthäus war das so sonnenklar, dass er es direkt in der Überschrift seines Evangeliums sagt: *Dies ist das Buch der Geschichte Jesu Christi, des Sohnes Davids, des Sohnes Abrahams* (Matthäus 1,1; LUT). Sonst hätte Matthäus gar nicht erst angefangen zu schreiben: kein Interesse.

Doch zurück zu Jakob. Jakob ist äußerst produktiv und bringt mit vier Frauen insgesamt zwölf Söhne hervor: die Stammväter Israels. Damit ist die Linie klar. Sie läuft von Abraham über Isaak zu Jakob und auf diese Weise zum Volk Israel. Deshalb wird Gott in der Bibel oft *Gott Abrahams, Isaaks und Jakobs* genannt – oder in Kurzfassung *Gott Israels*.

Das große Versprechenspaket Gottes an Abraham aus 1. Mose 12 ging im Lauf der Zeit an seinen Sohn Isaak und dann an seinen Enkel Jakob über (1. Mose 26,2-5 und 28,13-15). Auf diese Weise wurde es zu einer Art Magna Carta des Volkes Israel und ist es für fromme Juden bis heute.

Doch große Versprechen verhindern nicht automatisch einen Fehlstart. Bereits in früher Zeit verschlägt es Jakob mit seinen zwölf Söhnen nach Ägypten. Dort wächst Israel zu einem großen Volk heran, gerät dann aber in die Knechtschaft des Pharao von Ägypten. Das Leiden ist groß, eigener Landbesitz ein bloßer Traum und Freiheit eine Illusion. Das Gegenteil dessen, was Gott versprochen hat. Israel geht es schlecht. Richtig schlecht. Israel ist im falschen Land unter fremder Herrschaft und in Sklaverei. Ägypten statt Kanaan, Pharao statt Gott, Knechtschaft statt Freiheit – nichts stimmt. Doch auf ihm liegt die Bestimmung Gottes. Also kann das auf keinen Fall das Ende der Geschichte sein.

Dass Israel in dieser Zeit Gottes Versprechen in Erinnerung hat, wird an einem Wort von Josef deutlich. Josef als einer der zwölf Söhne Jakobs hat es in Ägypten bis zum Vize-Pharao gebracht. In 1. Mose 50,24 sind seine letzten Worte überliefert:

> »Bald werde ich sterben«, sagte Josef zu seinen Angehörigen, »aber Gott wird euch ganz bestimmt aus diesem Land führen. Er wird euch in das Land zurückbringen, das er Abraham, Isaak und Jakob mit einem Eid versprochen hat.«

Da ist er wieder – der Eid an die Väter. Unvergessen und im Glauben der Israeliten verankert. Eines Tages würde Gott das Blatt wenden. Doch wann würde es so weit sein?

# Das Volk und sein Gott

1. Teil

# Israel unter Vertrag: Befreit und erwählt

Israel geht es in Ägypten schlecht. Die Sklavenarbeit drückt, es ist nicht zum Aushalten. Die Not führt dazu, dass Israel klagt, ja vor Schmerz schreit. Dieses Schreien kommt vor Gott und berührt sein Herz. In 2. Mose 2,25 heißt es daraufhin: *Er sah die Israeliten und kümmerte sich um sie.* Wie ein Vater sich seiner Kinder annimmt, so kümmert sich Gott nun um sein Volk.

Interessant ist jedoch, was im Vers davor zu lesen ist: *Er hörte ihr Schreien und erinnerte sich an den Bund, den er mit Abraham, Isaak und Jakob geschlossen hatte* (2. Mose 2,24). Erinnern ist im Hebräischen ein Signalwort. Vor allem, wenn es um Gott geht.

Erinnern – oder einfach: an etwas denken – ist für uns Menschen so eine Sache. Wir denken viel, wenn der Tag lang ist, vergessen vieles aber auch schnell wieder. Doch wenn Gott sich erinnert, dann bedeutet das, dass er aktiv wird. Wir können also wissen: Jetzt passiert etwas! Woran aber erinnert sich Gott? Er erinnert sich an den Bund, er denkt an seinen Schwur, den er Abraham, Isaak und Jakob geleistet hat. Wie im Kapitel zuvor gesehen, hat Gott diesen drei Erzvätern zugesagt, dass aus ihnen ein Volk hervorgehen wird, nämlich Gottes Volk, und dass dieses Volk das

Land Kanaan bekommen und zum Segen für die Welt werden soll. Volk, Land, Segen. Daran denkt Gott.

Doch die Realität sieht anders aus. Die Jakobssippe ist zwar zu einem großen Volk herangewachsen. Doch dieses Volk lebt im falschen Land und kann als Sklavenvolk auch kaum zum Segen der Menschheit werden. Gott denkt an seine Versprechen und macht sich daran, sie zu erfüllen. Somit heißt es: Raus aus Ägypten.

## Let my people go

Israel kann aber nicht einfach losmarschieren, denn es ist versklavt. Es hat keine Führung, keine Einheit, keine Vision und keinen Plan. Im Grunde hat Israel gar keine Chance, aus Ägypten herauszukommen. Doch Gott hat von langer Hand vorgesorgt. Er hat ein kleines Kind in den Palast des Pharao geschmuggelt. Dort, im Zentrum der Macht Ägyptens, wuchs es heran, wurde ausgebildet und lernte die Mentalität ägyptischer Machthaber von innen kennen. Die Rede ist von Mose. Mose, dem Ägypter. Mose, dem Politiker und Fürsten. Doch in Mose lebt noch etwas anderes: seine jüdische Herkunft. Und daran knüpft Gott an.

Gott beauftragt Mose, Israel aus Ägypten zu führen. Mose versteht etwas von Führung, und wie man aus Ägypten rauskommen kann, weiß er auch. Er versteht aber nichts von Israel und auch nicht viel von Israels Gott. Alles Jüdische ist Neuland für ihn. Außerdem ist Mose in Israel ein Fremder. Einer von der anderen Seite, einer der Unterdrücker. Wieso sollte so einer auf den Gedanken kommen, die Seiten zu wechseln und Israel zu befreien? Das glaubt kein Mensch. Mose hat ein enormes Glaubwürdigkeitsproblem. Das Mindeste, was er braucht, ist die Möglichkeit, sich auf Gott berufen zu können. Deshalb fragt er Gott nach seinem

Namen. Er will wenigstens wissen, in wessen Auftrag er unterwegs ist. Die Antwort ist höchst unbefriedigend. Gott antwortet nämlich: *Ich bin, der ich immer bin. Sag ihnen einfach: »Ich bin« hat mich zu euch gesandt* (2. Mose 3,14). Was für eine komische Antwort. Geht's noch?

**Ich bin, der ich bin**

Diese Formel für die Bezeichnung Gottes ist gar nicht so leicht zu übersetzen: *Ich bin, der ich bin* ist eine gängige Variante. Möglich ist aber auch: *Ich werde sein, der ich sein werde.* Oder: *Ich werde mich als der erweisen, als der ich mich erweisen werde.* Das *Ich bin* steht für Konstanz, Verlässlichkeit, Beständigkeit, aber auch für die Existenz Gottes und sein Dasein. Die Botschaft: Gott gibt es und er ist da – du kannst ihm vertrauen. Die anderen Varianten sprechen von der Zukunft. Auf dem Weg mit uns zeigt Gott sich immer wieder neu und anders. Gott ist frei. Und er behält es sich vor, wann und wie er sich zeigt. Das Fazit: Gott ist mit dir – lass dich überraschen. Hinter dieser Formel steckt also etwas Konkretes, auch wenn sie auf den ersten Blick echt abstrakt ist.

Gott merkt selbst, dass diese Formel nicht reichen wird, um die Israeliten zu überzeugen, und wird noch etwas konkreter: *Sag ihnen: »Der Herr, der Gott eurer Vorfahren – der Gott Abrahams, der Gott Isaaks und der Gott Jakobs – hat mich zu euch gesandt.« Das ist mein Name für alle Zeiten; alle kommenden Generationen sollen mich so nennen* (2. Mose 3,15). Wow! Eigentlich verbirgt sich Gott ja hinter der Ich-bin-Formel, um sich alle Freiheiten zu erhalten. Aber an die Erzväter (und damit an Israel) hat er sich gebunden. Dazu steht er – und wie!

Gott sagt, er wolle niemals anders genannt werden als *Gott Abrahams, Isaaks und Jakobs* oder in der Kurzfassung *Gott Israels.* Hast du Gott so schon einmal angeredet? Mach das doch mal einige Wochen und schau, was in deinem Herzen passiert!

Mit dieser Auskunft kann Mose etwas anfangen. Wenn er im Namen dieses Gottes vor Israel tritt, dann hat er eine Chance, gehört zu werden. Und für den Fall, dass das noch nicht ganz reicht, gibt Gott ihm noch ein paar Kostproben seiner Macht mit. (Welche das sind, kannst du in 2. Mose 4 nachlesen.)

Um die Geschichte kurz zu machen: Mose gewinnt das Vertrauen der Israeliten, tritt vor den Pharao und verlangt von ihm, Israel freizulassen: *Let my people go.* Das beeindruckt den Pharao wenig und so entsteht ein zähes Ringen. Gott erhöht den Druck immer mehr, bis der Pharao schließlich nachgibt und Israel laufen lässt. Israel bricht auf. Die Freude ist riesig: Auf in die Freiheit, auf ins versprochene Land!

Doch plötzlich tun sich Schwierigkeiten auf. Kennst du das auch, dass du mit Gott aufgebrochen bist, und auf einmal klemmt es hinten und vorne? Gleich zu Beginn sitzt Israel richtig in der Patsche. Der große Mose kann den Weg nicht finden und führt das Volk in eine Sackgasse. Vor sich ein riesiges Schilfmeer und hinter sich die Armee Pharaos, der es sich anders überlegt hat. Sackgasse, Ende, aus die Maus. Vielleicht hat Gott diese Situation absichtlich herbeigeführt. Manchmal ist es gut, an sein Ende zu kommen, damit man wirklich mit Gott neu anfängt und nicht aus eigener Kraft.

Das ist die Stunde Gottes, in geradezu umwälzender Weise in die Geschichte einzugreifen. Gott öffnet das Schilfmeer, führt Israel trockenen Fußes hindurch, lässt die Ägypter ihre Verfolgungsjagd fortsetzen und in den zurückkehrenden Wassermassen untergehen. Israel ist frei! Und gerettet! Das ist die erste große Erfahrung, die Israel am eigenen Leib mit seinem Gott macht. Diesen Auszug aus Ägypten feiern die Juden daher bis heute mit dem Passah-Fest.

Gott ist allmächtig, ein Befreier, ein Retter, ein Gott, der weiterweiß, wo's nicht mehr weitergeht. (Ich werde sein, der ich sein werde – erinnerst du dich?)

## Fakten schaffen am Berg Sinai

Gott und sein Volk sind nun endlich zusammen. Jetzt kann es ins versprochene Land gehen. Doch vorher kommt noch eine Zwischenstation: der Berg Sinai in der Wüste. Dort schafft Gott klare Verhältnisse. Die Begeisterung Israels in allen Ehren, aber Gott ist es wichtig, dass die Beziehung zwischen ihm und seinem Volk auf einem guten Fundament steht. Dieses Fundament muss gelegt werden und das geschieht am Sinai. Der Sinai ist die zweite Station, wo ein Bund geschlossen wird. Allerdings funktioniert der Sinaibund, wie wir noch sehen werden, anders als der erste Bund, der Abrahamsbund. Doch hier zunächst die Bibelstelle:

> Mose bestieg den Berg, um vor Gott zu treten. Der Herr rief ihm vom Berg aus zu: »Richte den Nachkommen Jakobs, den Israeliten, Folgendes aus: ›Ihr habt gesehen, was ich den Ägyptern angetan habe. Ich habe euch sicher hierher zu mir gebracht, so wie ein Adler seine Jungen auf seinen Flügeln trägt. Wenn ihr mir nun gehorcht und den Bund haltet, den ich mit euch schließen werde, sollt ihr vor allen anderen Völkern der Erde mein besonderes Eigentum sein, denn die ganze Erde gehört mir. Ihr sollt mir ein Königreich von Priestern,

> ein heiliges Volk sein.‹ Richte den Israeliten diese Worte aus.« Mose kehrte vom Berg zurück, rief die führenden Männer des Volkes zusammen und teilte ihnen alles mit, was der Herr ihm aufgetragen hatte. Die Israeliten waren einer Meinung: »Wir wollen alles tun, was der Herr uns sagt.« Diese Antwort des Volkes überbrachte Mose dem Herrn.
>
> *2. Mose 19,3-8*

Gott beginnt mit der großartigen Erfahrung, die Israel gerade gemacht hat. Wie ein Adler seine Jungen auf seinen Flügeln trägt, so hat Gott Israel aus Ägypten geholt und in die Freiheit gebracht. Ägypten ist Geschichte, die Tür zu einer guten Zukunft steht für Israel weit offen, das Volk ist frei. Wahrscheinlich haben die Israeliten nicht in jedem Augenblick gespürt, dass sie die weiten Flügel Gottes unter sich hatten, aber es war so. Vielleicht kennst du das aus deinem Leben mit Gott auch. Selbst wenn wir Gott nicht spüren, ist er da. Deshalb fallen wir nie tiefer als in die Hand Gottes.

Eines aber ist bereits klar: Israels Zukunft wird eine Zukunft mit Gott sein. Und darauf hebt Gott nun ab. Er will mit Israel einen Bund schließen. Und wenn Israel diesen Bund hält, dann wird es Gottes persönliches Eigentumsvolk sein, ein Königreich von Priestern, ein heiliges Volk. Das wünscht sich Gott von Israel und das soll mit einem Bund besiegelt werden. Das Zeichen dafür ist die Beschneidung. Damit wird man in den Bund mit hineingenommen und Mitglied des Volkes Gottes. Mose legt diesen Bund Israel vor und die Israeliten stimmen – wie könnte es anders sein – mit freudigem Herzen zu: *Wir wollen alles tun, was der Herr uns sagt.*

Der Sinaibund ist ein zweiseitiger Bund. Gott verspricht, Israel als sein persönliches Volk anzunehmen, erwartet aber, dass sich

Israel dementsprechend verhält. Das ist wie bei einem Waisenkind, das von einem König aufgenommen wird: Es wird zu einem Prinzen oder einer Prinzessin erhoben, soll nun aber auch ein gehobenes Verhalten an den Tag legen, um dem König keine Schande zu machen. Das ist logisch, oder? Für Israel heißt das, dass es ein »heiliges« Volk sein soll. Denn Gott ist ein heiliger Gott, anders als die gar nicht heilige Welt. Aber was heißt das konkret? Woher weiß Israel, was man unter »heilig« versteht? Weil das Volk es nicht weiß, sagt Gott es ihm und gibt gleich präzise Anweisungen dazu, wie man heilig lebt. Diese Anweisungen heißen im Hebräischen *Thora*.

**Die Thora**

Unter Thora versteht man ganz einfach die Gebote Gottes. Das Herzstück sind die Zehn Gebote, der sogenannte Dekalog (2. Mose 20 und 5. Mose 5). An der Spitze steht das wichtigste Gebot: *Du sollst außer mir keine anderen Götter haben* (2. Mose 20,3). Wie ein Mensch nicht will, dass der Ehepartner oder die Ehepartnerin nebenbei jemand anderes hat, so will Gott das auch nicht. Von der Treue hängt alles ab, denn da geht es um alles oder nichts. Alle anderen Gebote betreffen nur Verhaltensweisen in bestimmten Situationen. Gott hat die Gebote Mose geoffenbart. Deshalb stehen sie in den fünf Büchern Mose. Doch findet sich Wegweisung, was Thora übersetzt heißt, auch in allen anderen Büchern der Bibel. Die Rabbiner zählen bei Mose insgesamt 613 Ge- und Verbote. Das ist weniger, als in unserer Straßenverkehrsordnung steht, also nicht besonders viel. Gott will, dass Israel diese Gebote einhält. Von Herzen. Für Gott.

Wenn nun Israel Gottes Gebote hält, dann wird es auch Gottes Eigentumsvolk sein. Und wenn nicht? Tja, dann nicht. An dieser Stelle kann man stutzig werden. Hat Gott nicht schon Abraham, Isaak und Jakob versprochen, dass Israel sein Volk sein würde? Und war dieses Versprechen nicht bedingungslos gegeben worden? Wie kann es nun sein, dass Gott dieses Versprechen plötzlich mit Bedingungen verknüpft?

In der Tat manövriert Gott sich hier gewissermaßen in ein Dilemma. Denn er verfolgt zwei Ziele: Einerseits will er Israel als sein Volk haben, wie er es Abraham fest versprochen hat. Andererseits will er nicht irgendein Volk haben, sondern ein heiliges. Ein Volk, das mit ihm lebt und ihm entspricht. Beides will Gott und beides bringt er zum Ausdruck. Wenn Israel mitspielt, passt alles bestens. Wenn aber nicht, dann hat Gott ein Problem. Im schlimmsten Fall hat er ein Volk vor sich, das tief in einen Bundesbruch verstrickt ist und Gott ins Angesicht widersteht – und an das Gott durch seinen Eid an Abraham dennoch gebunden ist.

Gott geht dieses Risiko tatsächlich ein. Sein Versprechen an Abraham steht. Seine Entscheidung, ein heiliges Volk zu wollen, aber auch. Entscheidend ist die Reihenfolge: Gott gibt sich zuerst an Israel hin, danach stellt er sein Programm vor. Israel ist also nicht nur Mittel zum Zweck. Ähnlich bei uns Christen: Gott macht uns erst zu seinen Kindern, danach zeigt er uns, wie ein Leben als Königskind aussieht.

Die beiden Bündnisse – der Abrahams- oder Väterbund und der Sinai- oder Mosebund – sind das geistliche Fundament Israels. Sie bilden das Spannungsfeld, in dem sich die Geschichte Israels bewegt, und sie funktionieren ganz unterschiedlich. Wo der Abrahamsbund einseitig ist, ist der Mosebund zweiseitig. Wo der Abrahamsbund bedingungslos ist, ist der Mosebund an Bedingungen geknüpft. Am Sinai ist die Welt aber erst mal noch in Ordnung.

Gott bietet den Bund an und Israel schlägt ein. Alles ist gut. Ziel ist das versprochene Land, in dem Israel mit seinem Gott leben und zum Segen für die Welt werden soll. Damit haben wir ein Dreieck vor Augen, das für den Gott der Bibel von zentraler Bedeutung ist: der Gott Israels, das Volk Israel und das Land Israel.

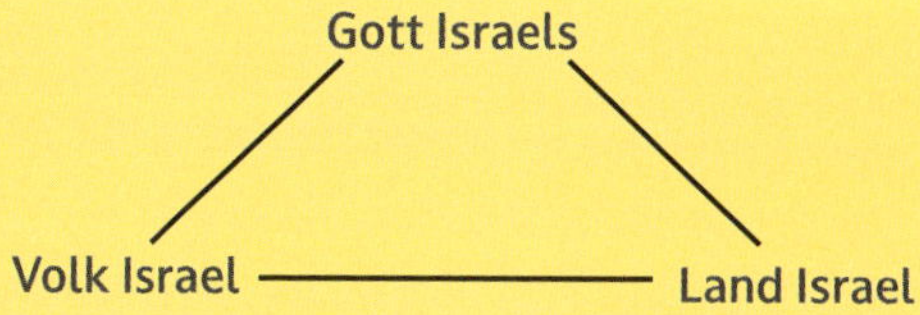


Um genau diese Beziehungen geht es und von dort geht alles aus. Also, auf nach Kanaan!

## Erwählt aus Liebe

Als Faustregel kann man sich merken: In der Geschichte Israels läuft eigentlich kaum etwas wie geplant. Und so gelangt Israel auch nicht geraden Weges ins versprochene Land. Aufgrund verschiedener Turbulenzen braucht es geschlagene vierzig Jahre dazu. Dann aber ist es so weit: Israel steht an den Grenzen zu seiner neuen Heimat. Mose weiß, dass er sie nicht mehr erreichen wird. Er schaut hinüber, hält Rückblick und schärft Israel die Thora nochmals ein.

In seiner Abschiedsrede gibt Mose richtig Gas. Er zeigt Israel auf, vor welcher Wahl es steht: Gehorsam oder Ungehorsam, Segen oder Fluch, Landbesitz oder Landverlust, Sieg oder Niederlage (5. Mose 28–30). Es liegt an Israel, ob sein Weg steinig oder geebnet sein wird. Es ist in Israels Hand, ob Gott ihm Rückenwind oder

Gegenwind gibt. Das heißt: Bring erst dein Leben in die richtigen Bahnen. Dann aber rechne felsenfest mit Gottes Segen und lass nicht locker, bis du ihn hast.

Im fünften Buch Mose findet sich übrigens ein herausragender Text, der über die Erwählung Israels spricht. Man kann sich ja fragen, warum Gott ausgerechnet Israel erwählt hat und nicht Italien, Thailand, Peru oder den Kongo. Hier die Antwort, die Mose gibt:

> Von allen Völkern der Erde gehört ihr als Volk dem Herrn, eurem Gott. Der Herr hat euch nicht erwählt und hält an euch fest, weil ihr größer oder bedeutender wärt als die anderen Völker – ihr seid sogar das unbedeutendste aller Völker –, sondern weil er euch liebt und weil er das Versprechen halten wollte, das er euren Vorfahren mit einem Eid gegeben hatte. Aus diesem Grund hat er euch mit großer Macht aus Ägypten geführt und euch aus der Sklaverei des Pharaos, des Königs von Ägypten, befreit.
>
> *5. Mose 7,6b-8*

Gott hat Israel erwählt. Und zwar aus allen Völkern, die auf der Erde sind. Gott schaut vom Himmel auf alle Völker der Welt – und wählt Israel. Das ist schon eine krasse Nummer! So ein Vorgang kann etwas auslösen: Stolz auf der einen Seite, Unverständnis, Frust und Neid auf der anderen Seite. Ist hier nicht schon der Keim dafür gelegt, dass sich die Völker gegen Israel verbünden, um das verhasste Sondervolk loszuwerden? Mose wiederum kennt seine Pappenheimer und steuert gegen den Stolz an, indem er die Hintergründe der Erwählung ausleuchtet. Denn: Gott hat Israel nicht erwählt, weil es größer oder bedeutender, begabter, schöner oder frömmer wäre. Es liegt nicht an Israel an sich, dass Gott so gewählt hat. Mose fügt sogar an: »Ihr seid ja das unbedeutendste aller Völker!«

Entscheidend aber sind die eigentlichen Gründe Gottes und das sind genau zwei: weil Gott Israel liebt und weil er den Eid an die Väter halten wollte. Gott liebt Israel. Irgendwie hat es ihm dieses Völkchen angetan und er hat sein Herz an es verloren. Warum? Keine Ahnung. So etwas kann man nicht erklären. Jedenfalls kommt hier Gottes emotionale Seite ins Spiel, Gottes Herz. Der zweite Grund ist ganz anders geartet. Gott hat den Vätern versprochen, dass er Israel zu seinem Volk machen wird, also tut er es auch. Gott steht zu seinem Wort und hält, was er verspricht: Ein Gott, ein Wort. Gott wird also von zwei Seiten zu Israel gezogen: von seinem Herzen und durch sein Versprechen. Von seiner tiefen inneren Zuneigung und von seiner unbedingten Verlässlichkeit. Was für ein Gott!

Man kann an dieser Stelle schon sehen, dass Gott bei seiner Erwählung bleiben und an Israel festhalten wird. Komme, was wolle. Man ahnt aber auch, dass Gottes Herz verletzlich ist. Seine Liebe kann strapaziert, enttäuscht und gekränkt werden. Im Grunde ist das wie in einer Ehe: Man steht zu seinem Eheversprechen, man liebt und frustriert einander. Manchmal geschieht all das zugleich. Die Beziehung zwischen Gott und Israel wird in der Bibel immer wieder mit einer Ehebeziehung verglichen – und Israel mit einer untreuen Ehefrau.

Berührend ist die Lovestory, die in Hesekiel 16 erzählt wird. Dort ist die Rede von einem jungen Gutsherrn, der für Gott steht, und einem kleinen Baby, das Israel symbolisiert. Das Baby ist am Wegesrand ausgesetzt worden und dem Tod geweiht. Der junge Gutsherr kommt vorbei, wird von Erbarmen ergriffen und nimmt es mit sich. Die Jahre vergehen. Das Findelkind – ein Mädchen – entwickelt sich zu einer jungen und bildschönen Frau. Der Gutsherr verliebt sich in sie, gewinnt ihr Herz und die beiden heiraten. Bis hierher wunderschön, doch dann geschieht das Unfassbare. Die junge Frau lässt sich auf andere Männer ein. Sie bricht die Ehe – und das Herz ihres Mannes. Mit immer mehr Männern, ein ums andere Mal. Bis es der Gutsherr nicht mehr aushält. Er verstößt seine Frau und überlässt sie ihren Liebhabern. Dann kommt die Wende. Der Gutsherr holt seine Frau zurück. Er erneuert den Bund mit ihr, die Beziehung wird geheilt und so nimmt die Geschichte ein gutes Ende.

Doch die Geschichte zwischen Gott und Israel geht in Hesekiel 16 noch einen Schritt weiter. Gott selbst sorgt auf wundersame Weise dafür, dass aus dem Bund ein ewiger Bund wird. Ein Bund, der nie wieder gebrochen wird und auch nicht mehr gebrochen werden kann. Ein regelrechtes Wunder! Dazu im nächsten Kapitel mehr.

Gott wird sein Volk nicht verwerfen (Römer 11,1.11). Er wird es niemals verlassen noch im Stich lassen (5. Mose 31,6). Gott bleibt bei seiner Erwählung und bringt Israel ans Ziel. Das betont auch der Apostel Paulus (Römer 11,25-29). Mag auch der Einzelne scheitern, das Volk Israel ist erwählt und wird nicht auf der Strecke bleiben. Am Ende werden Gott und Israel für immer eins sein.

## Freud und Leid

Sollte Israel wegen seiner Erwählung jemals überheblich geworden sein, dann war dies von kurzer Dauer. Die Erwählung hat Israel nämlich auch viel Not eingebracht, sodass für Überheblichkeit kein Raum mehr blieb. Man hört heute immer wieder das Vorurteil, die Juden würden sich für etwas Besseres halten. Das kann ich persönlich so nicht bestätigen – und ich kenne viele Juden. Ich vermute, dass es sich dabei um eine unbewusste Projektion handelt: Wenn wir an Israels Stelle wären, das von Gott erwählte

Volk zu sein, dann wären wir stolz bis unter die Haarwurzeln. Doch für die Juden trifft das nicht zu. Dafür haben sie – bis hin zum Holocaust – zu viel erlebt. Viele Juden wären dankbar, wenn man sie ganz normal behandeln, in Ruhe leben lassen und gar nicht groß beachten würde. Aber wo schaut die Welt hin? Nach Israel. Zum erwählten Volk. Die Juden werden ihre Sonderrolle nicht los. Sie begleitet sie ständig. Im Guten wie im Bösen. Kennst du auch Leute, denen irgendwie eine bestimmte Rolle anhaftet, die sie sich eigentlich gar nicht ausgesucht haben?

Die Juden heute gehen mit ihrer Erwählung ganz unterschiedlich um. Säkulare Juden, die mit Gott nicht viel am Hut haben, wissen oft gar nichts davon. Sie spüren nur, dass sie immer irgendwie anders sind und auf Dauer nie richtig dazugehören. Fromme Juden sehen die Erwählung oft als Auftrag, manchmal als Mission und nicht selten auch als Last. Wenn man die Aufgabe hat, in einer Weise mit Gott zu leben, dass dies zum Licht der Nationen und zum Segen der Welt wird, dann ist das keine Kleinigkeit. Solch eine Aufgabe kann eine große Motivation sein, sie kann aber auch frustrieren, überfordern und zu Resignation führen.

Die Erwählung Israels ist somit beides: eine große Ehre und der Punkt des Scheiterns. Die Erwählung ist aber auch Ursache der endlosen Judenfeindschaft und des daraus erwachsenden Leides, die sich wie ein roter Faden durch die Geschichte zieht, wie wir noch sehen werden. Es gibt Momente, wo Juden ihre Erwählung verflucht und zu Gott geschrien haben, sie daraus zu entlassen. Andere sahen in diesen Momenten einen Glutofen der Geschichte, aus dem Israel geläutert hervorgehen würde.

Hinter der Erwählung Israels steht so vieles, dass man ihre Bedeutung nicht auf einen einzigen Punkt bringen kann. Die Erwählung ist eine große Auszeichnung, eine hohe Aufgabe und eine enorme Herausforderung. Sie bringt Leid und Tränen mit sich, wird am Ende aber in die unbeschreibliche Freude der ewigen Erlösung Israels führen. Denn Gott hält an Israel fest. Er bringt sein Volk zum Ziel. Das steht fest.

Diese uralte Erwählung, die bereits bei Abraham begann, zieht sich durch die gesamte Geschichte und ist auch heute noch gültig. Sie ist fast so etwas wie eine Eigenschaft, die zu Israel und den Juden gehört. Ob sie es wissen oder nicht, ob sie es wollen oder nicht, ob sie sie leben oder nicht. Diese Erwählung stellt aber auch uns Christen vor eine Wahl. Die Frage ist, ob wir Israels Erwählung anerkennen. Glauben wir an sie, beten wir für die Juden, nehmen wir Anteil an ihrem Ergehen und teilen wir die Liebe Gottes zu seinem Volk? Wir stehen hier vor einer Entscheidung. Und daraus kann auch eine Bewährungsprobe werden. Diese Probe haben Christen oft nicht bestanden – auch darum wird es später noch gehen.

Die Erwählung Israels gehört zu unserem Glauben, wenn wir ihn biblisch in vollem Umfang leben wollen. Das kann für mich nur heißen, die Juden als erwähltes Volk zu behandeln, um auch auf diese Weise Gott zu dienen. Selbst wenn das einen Preis kostet. Ich denke, dass Gott dies von uns Christen erwartet.

## Wie es weitergeht

Doch zurück zum alten Israel. Nach dem Tod Moses übernimmt Josua das Ruder. Er führt Israel ins versprochene Land und teilt jedem Stamm sein Gebiet zu. Jahrzehnte vergehen, ohne dass viel geschieht.

Dann bricht die Königszeit an. Der erste König Israels erweist sich als Fehlbesetzung. Saul hat geistlich kaum Substanz, verstrickt sich in eine unheilvolle Politik und endet mit dem eigenen Schwert im Bauch. Der nächste König ist der größte und wichtigste König

Israels: David. Auch David ist kein Unschuldsengel und haut so manches Mal ordentlich daneben. Aber David hat eine besondere Eigenschaft: Er bereut seine Sünden und kehrt von Herzen um. Und er liebt Gott und würde alles für ihn geben.

Unter David wird Israel geeint und zur Blüte geführt. Jerusalem wird zur Hauptstadt gemacht und für Israel brechen die goldenen Jahre an. Auch vor Gott scheint David einen besonderen Stellenwert zu haben. Deshalb gibt ihm Gott ein einzigartiges Versprechen mit auf den Weg: *Dein Haus und deine Königsherrschaft werden für alle Zeit vor mir bestehen bleiben und dein Thron wird für immer feststehen* (2. Samuel 7,16). In der wechselvollen Geschichte Israels ist diese Aussage längst nicht immer so offenkundig sichtbar. Und letzten Endes wird sich dieses Versprechen auch erst endzeitlich erfüllen.

Der letzte und endgültige König Israels, der Messias, wird deshalb ein Nachkomme Davids sein. An diesem Kriterium kommt kein Messias-Anwärter vorbei.

# Der Neue Bund: Hoffnung in Exil und Besatzung

Tausend Jahre sind eine lange Zeit. So einen langen Zeitraum schauen wir uns nun an: die Zeit von David bis zu Jesus. Mittendrin befindet sich wieder ein heilsgeschichtlicher Knotenpunkt, der für Christen wie für Juden von zentraler Bedeutung ist: das Versprechen eines Neuen Bundes. Nachdem wir bereits den Abrahamsbund und den Mosebund kennengelernt haben, ist es spannend, dass nun von einem Neuen Bund die Rede ist.

Was hat es mit diesem Neuen Bund auf sich? Das wird die wichtigste Frage dieses Kapitels sein. Zugleich führt uns die Aussicht auf einen Neuen Bund zu Jesus, dem Messias, und zum Neuen Testament. Um den Neuen Bund zu verstehen, ist jedoch die Vorgeschichte wichtig. Deshalb beginnen wir bei David.

## Erst bergauf und dann stetig bergab

David ist ein einzigartiger Mann. Er ist ein Mann nach dem Herzen Gottes und fast so etwas wie sein Liebling. Doch erlebt er auch

Gottes Strenge und Konsequenz. David ist ein facettenreicher Mann. Er ist Lobpreiser und Psalmdichter, Hirte und Heldenbezwinger. David ist Anführer einer Guerillabande, wird verfolgt und lebt zeitweise im Untergrund. David ist der größte König, den Israel je hatte, und vielleicht auch der größte Feldherr. Und David ist ein großer Staatsmann. Unter seiner Regentschaft wird das Zwölf-Stämme-Volk Israel, das zu Beginn der Regierungszeit Davids wenig Zusammenhalt hat, geeint und zu einem festen Staatswesen geformt. Jerusalem wird erobert und zur Hauptstadt Israels gemacht. Die Grenzen werden gesichert, Israel wird zu einer regionalen Großmacht ausgebaut und am Ende hat das Volk, was es sich immer gewünscht hat: Sicherheit, Ruhe und Frieden. Kannst du es nachempfinden, was es bedeutet, nach langen anstrengenden Zeiten endlich Frieden zu haben?

Gott verwehrt David nicht viel. Eines aber schon: den Tempel Gottes zu bauen. Dafür hat David als Kriegsmann zu viel Blut an seinen Händen. Deshalb wird der sogenannte Erste Tempel erst unter Davids Sohn Salomo errichtet. Nun ist alles komplett. Israel ist ein stabiler Staat und hat das Heiligtum Gottes in seiner Mitte. Israel dient Gott und Gott wacht über seinem Volk. Unter Salomo geht der Aufwärtstrend zunächst weiter. Reichtum, Schönheit und Weisheit ziehen ein. Das bringt Israel internationale Anerkennung und macht Salomo über die Grenzen seines Landes hinaus berühmt.

Salomo hat nebenbei ein Faible für Frauen. Insgesamt bringt er es auf tausend Haupt- und Nebenfrauen, sodass sein Harem die Größe eines ganzen Dorfes hat. Die Frauen kommen aus den verschiedensten Ländern und bringen ihre Götter mit. Salomo gibt diesen Göttern Raum und das ist ein verhängnisvoller Fehler. Warum? Weil Israels Fundament der Bund mit Gott ist. Und das Herzstück dieses Bundes ist das erste Gebot: *Du sollst außer mir keine anderen Götter haben* (2. Mose 20,3). Israels Existenz hängt an der exklusiven Beziehung zu Gott. Diese Exklusivität ist nun nicht mehr gegeben. Das ist ein heikler Punkt. Auch bei uns. Ist Gott wirklich die Nummer eins in unserem Leben? Ist er uns das Wichtigste und trennen wir uns von allem, was ihm missfällt?

Nach Salomo ist die gute Zeit Israels schnell vorbei. Israel zerbricht in das Nordreich Israel mit der Hauptstadt Samaria und das Südreich Juda mit der Hauptstadt Jerusalem. Im Südreich leben die Stämme Juda und Benjamin, im Nordreich die anderen zehn. Das Problem des Nordreichs ist, dass der Tempel in Jerusalem steht. Der Tempel für alle. Für die zehn Stämme des Nordreichs ist es kein Zustand, ständig zum ungeliebten kleinen Bruder reisen zu müssen, um die Feste Israels und Tempelgottesdienste feiern zu können. Also emanzipieren sie sich, gründen eigene Heiligtümer in Dan und Bet-El und lassen auch lokale Kultstätten, die sogenannten Höhen, zu. Dort geht es längst nicht immer koscher zu und so werden auch andere Götter angebetet. Der Abfall vom zentralen Heiligtum in Jerusalem wird in der Bibel als *Jerobeams Sünde* (1. Könige 13,34) bezeichnet. Diese Sünde wird das Nordreich nie wieder los und führt zuletzt zu seinem Untergang. Das kann auch uns als Warnung dienen: Was man mal in sein Leben oder sein Umfeld hereingelassen hat, ist dann auch drin.

Da das Nordreich für Götzendienst anfälliger ist als das Südreich, geht es auch früher unter. So sagen es die alttestamentlichen Geschichtsbücher. 721 v. Chr. wird es von den Assyrern erobert. Die Assyrer werden im 8. Jahrhundert v. Chr. zu einem riesigen Reich, das den ganzen Nahen und Mittleren Osten umfasst, und sie sind auf Eroberungskurs. Israel einzukassieren ist für diese Großmacht keine große Sache. Das ist das Ende des Nordreichs Israel.

Die Assyrer verfolgen die Politik, dass sie die Bewohner der eroberten Länder zerstreuen. So sichern sie sich gegen Aufstände ab. Dies hat zur Folge, dass auch die zehn Stämme des Nordreichs in alle Welt zerstreut werden und bis heute als die »zehn verlorenen Stämme« gelten. Die Propheten machen klar, dass diese Zerstreuung ein Gericht Gottes ist. Dennoch hoffen die Juden seit jeher, dass diese Stämme eines Tages wiedergefunden werden, spätestens wenn der Messias kommt und Israel wiederherstellt. Denn Gericht wird nicht Gottes letztes Wort sein. Das Gericht wird enden – und die Zerstreuten werden zurückkehren. Klare Sache.

**Zehn verlorene Stämme**

Als durch die Assyrer die Bewohner des Nordreichs in die weite Welt zerstreut werden, lösen sich die zehn Stämme weitgehend auf. Doch findet man heute noch Teile dieser Stämme wie die *Bnei Menashe* in Indien, die *Falasha* in Äthiopien oder die *Lemba* im südlichen Afrika. Sie gelten als Mitglieder der verlorenen Stämme und damit als Juden – und dürfen als solche nach Israel einwandern. Viele Tausende haben das bis heute getan. Ferner ist zu vermuten, dass sich über die Jahrhunderte hinweg die Mitglieder der verlorenen Stämme, die ihre jüdische Identität bewahrt haben, den Synagogengemeinden in aller Welt angeschlossen haben und nun in der Rückkehr der Juden nach Israel mit dabei sind.

Das Südreich Juda hält sich länger, wird aber vom gleichen Schicksal ereilt. Zu oft missachten die Juden die Thora und brechen den Bund, trotz aller Warnungen und Umkehrrufe der Propheten. 586 v. Chr. wird Juda von den Babyloniern erobert. Sie sind nach den Assyrern die nächste Großmacht im Nahen und Mittleren

Osten. Und so geht es weiter: Auf die Babylonier folgen die Meder und Perser, dann kommen die Griechen und zum Schluss die Römer. All diese Reiche sind Großreiche von ungeahnten Ausmaßen, die jeweils auch Israel erobern.

Auch die Babylonier sind auf Eroberungskurs, verfolgen aber eine andere Politik. Sie führen zwar die führende Oberschicht ins Exil, doch die Landbevölkerung darf bleiben. Diese hofft, dass die exilierten Juden eines Tages zurückkehren, und diese Hoffnung gibt es auch in den jüdischen Exilgemeinden. Der Nährboden dieser Hoffnung ist das Vertrauen, dass Gott treu ist und sein Volk niemals aufgibt. So kennst du Gott ja auch, oder?

## Ein neuer Bund macht alles gut

In jener Zeit wirken so große Propheten wie Jeremia. Sie haben eine doppelte Botschaft. Einerseits kündigen sie an, dass Juda von den Babyloniern erobert wird. Das ist das Gericht Gottes für die Untreue seines Volkes. Andererseits geben sie den Juden die größten Verheißungen mit auf den Weg. Sie sprechen davon, dass die Juden eines Tages aus dem Exil zurückkehren werden. Doch nicht nur das. Gott wird Israel wiederherstellen und zu seiner Nation machen – und das für immer und ewig! Damit dieser Plan gelingen kann und Bestand hat, muss sich aber etwas ändern. Es muss Schluss sein mit Bundesbruch, Ungehorsam und Götzendienst. Wie aber soll das gehen? Ist Israels Geschichte nicht der Beweis, dass dies kaum zu erreichen ist?

Es ist im Leben selten sinnvoll, einen gescheiterten Ansatz immer wieder aufs Neue zu versuchen. Was beim zweiten oder dritten Anlauf nicht klappt, klappt meist gar nicht mehr. Wenn es also mit Gottes erwähltem Volk noch etwas werden soll, dann muss Gott sich etwas Neues einfallen lassen. Genau davon spricht Gott durch den Propheten Jeremia. In Jeremia 31,31-33 sagt Gott, dass er eines Tages mit Israel einen neuen Bund schließen wird. Dort heißt es:

> »Es wird der Tag kommen«, spricht der Herr, »an dem ich einen neuen Bund mit dem Volk Israel und mit dem Volk Juda schließen werde. Dieser Bund wird nicht so sein wie der, den ich mit ihren Vorfahren schloss, als ich sie an der Hand nahm und aus Ägypten herausführte. Sie sind meinem Bund nicht treu geblieben, deshalb habe ich mich von ihnen abgewandt«, spricht der Herr. »Doch dies ist der neue Bund, den ich an jenem Tage mit dem Volk Israel schließen werde«, spricht der Herr. »Ich werde ihr Denken mit meinem Gesetz füllen, und ich werde es in ihr Herz schreiben. Und ich werde ihr Gott sein und sie werden mein Volk sein.«

Wenn man dieses Versprechen richtig einordnen will, muss man folgende Zusammenhänge beachten:

**1. Bei diesem Versprechen handelt es sich um eine Endzeitverheißung.**

*Es wird der Tag kommen* hat in der Prophetensprache endzeitlichen Klang. Am Ende der Tage, wenn die Weltgeschichte in die Zielgerade einbiegt, wird Gott diesen Neuen Bund für sein Volk Israel ins Leben rufen. Der Neue Bund wird nicht wie der Alte Bund, der Mosebund, sein. Der Alte Bund wird von Israel ja oft gebrochen. Das ist das Problem. Gott muss es also irgendwie hinkriegen, den Bundesbruch zu stoppen. Dazu ist der Neue Bund da. Im Neuen Bund sorgt Gott höchstpersönlich dafür, dass die Thora eingehalten wird. Wie er das machen wird, werden wir gleich noch sehen. Doch ist das noch nicht alles. Der Neue Bund hat eine bestimmte Funktion. Er ist nämlich das Herzstück der nationalen Wiederherstellung Israels (Jeremia 30–33). Eines Tages, so der Prophet Jeremia, wird Gott sein Volk aus der ganzen Welt in sein Land zurückbringen. Er wird Israel zu einer Nation machen, die im Willen Gottes lebt, und zwar für immer. Das ist das Ziel des Neuen Bundes.

**2. Das Neue am Neuen Bund besteht darin, dass der Alte Bund endlich gelebt und die Thora Gottes gehalten wird.**

Der Neue Bund löst den Alten Bund (den Mosebund) nicht ab, sondern sorgt dafür, dass er endlich umgesetzt wird. Der Gesetzesbund des Mose wird also nicht beendet, sondern aufgerichtet. Das sieht auch Jesus so (Matthäus 5,17-18). Das Problem des Alten Bundes ist ja nicht, dass die Thora, die Israel unter Mose gegeben worden ist, verkehrt ist. Selbst Paulus sagt noch, dass die Thora *heilig, gerecht und gut* ist (Römer 7,12). Das Problem ist vielmehr, dass die Thora scheitert, und zwar am Unvermögen Israels. Die Thora ist gut, aber die Herzen sind es nicht. Die Herzen sind das Problem, nicht die Thora. Gott verspricht nun, dass er seinem Volk Israel kollektiv eine »Herzensoperation« verpassen wird, indem er seine Thora direkt in die Herzen hineinimplementiert. Auf diese Weise werden die Herzen neu – und gut. Israel wird dann wie selbstverständlich die Thora halten und alle Verheißungen an Israel werden in Erfüllung gehen. Das sind gute Aussichten für Israel.

**3. Der Neue Bund ist Thema des Neuen Testaments.**

*Testamentum* bedeutet im Lateinischen auch *Bund*. Das Neue Testament sagt, dass durch Jesus der Neue Bund verwirklicht wird. Das feiern wir im Abendmahl. Jesus sagt selbst: *Dieser Kelch ist der Neue Bund in meinem Blut* (Lukas 22,20; LUT). Mit Jesus kommt also der Neue Bund. Christen denken oft, der Neue Bund wäre für sie da und der Alte Bund für die Juden. Das ist ein Missverständnis. Der Neue Bund ist für Israel konzipiert. Das Ziel ist, dass Israel die Thora hält. Dies dient dazu, dass die Wiederherstellung Israels als Nation Bestand hat und nicht wieder am Bundesbruch scheitert. Es ist allerdings richtig, dass wir Gläubige aus den Nationen am Neuen Bund Anteil haben dürfen. Auch wir bekommen die Erlösung, die Gott Israel versprochen hat.

Der Neue Bund ist somit eine der wichtigsten Schnittstellen der Bibel. Er sorgt dafür, dass Israel zur Nation Gottes wird und die Gläubigen aus den Völkern zu Kindern Gottes werden. Wie geschieht das? Indem Jesus die Sünden vergibt und durch den Heiligen Geist die Thora den Menschen ins Herz pflanzt. Damit wird jeder, der an Jesus glaubt, ein neuer Mensch. Wir kommen im nächsten Kapitel noch dazu.

Der Neue Bund ist ein so wichtiger Punkt, dass es sich lohnt, kurz innezuhalten. Mach dir nochmals klar, was es mit dem Neuen Bund auf sich hat. Warum stiftet Gott ihn überhaupt? Warum ist das für Israel wichtig, warum für uns und welche Auswirkungen hat er? Du kannst dir hier gerne dazu ein paar Notizen machen:

## Atemberaubende Perspektiven

Eine ähnliche Perspektive wie bei Jeremia findet sich auch beim Propheten Hesekiel. In Hesekiel 36,26-28 verspricht Gott Israel:

> Und ich werde euch ein neues Herz geben und euch einen neuen Geist schenken. Ich werde das Herz aus Stein aus eurem Körper nehmen und euch ein Herz aus Fleisch geben. Und ich werde euch meinen Geist geben, damit ihr nach meinem Gesetz lebt und meine Gebote bewahrt und euch danach richtet. Und ihr sollt in dem Land leben, das ich euren Vorfahren gegeben habe. Ihr werdet mein Volk sein, und ich will euer Gott sein.

Auch hier geht es um neue Herzen für das jüdische Volk. Und auch hier ist diese Herzenserneuerung das Fundament für die nationale Wiederherstellung Israels (Hesekiel 36–39). Aus dieser Perspektive ist es natürlich aufsehenerregend, dass wir heute in der Zeit leben, in der die Juden aus der ganzen Welt nach Israel zurückkehren, der Staat Israel neu gegründet wurde und mehr Juden zum Glauben an Jesus kommen als je zuvor. Die Wiederherstellung Israels hat begonnen! Ist das nicht grandios? Nach bald zweitausend Jahren hat Gott in unserer Zeit beschlossen, Israel Gnade zu gewähren und die Juden wieder in ihre alte Heimat zu bringen. Auch wenn es noch ein weiter Weg ist, bis die Wiederherstellung beendet ist, ist das der absolute Hammer.

Doch betrifft dies nicht nur Israel, sondern auch die Nachbarn Israels, ja, die ganze Welt. Denn Israel kann nicht in seinen Frieden finden, wenn nicht auch die Nachbarvölker von Gott berührt werden. Und Israel kann nicht zum Segen der Welt werden (1. Mose 12,3), wenn nicht alle Völker in ein positives Verhältnis zu Israel kommen. Deshalb gibt es Versprechen Gottes, die wie konzentrische Kreise ineinanderliegen: Versprechen für Jerusalem (Jesaja 62), für Israel (Hesekiel 36), für Israels Nachbarn (Jesaja 19) und für die Völker der Welt (Jesaja 2). Die prophetischen Perspektiven des Alten Testaments sind atemberaubend!

Nimm dir doch die genannten Bibelstellen einmal vor und mach daraus ein kleines Projekt. Nimm sie in der nächsten Woche in deine tägliche Zeit mit Gott. Es lohnt sich, sich mit diesen Passagen näher zu befassen.

Folgende prophetische Aussagen von Jesaja veranschaulichen die Größe und Weite der biblischen Prophetie. Zum Teil habe ich zur Verdeutlichung den Adressaten dieser Worte, Israel, extra ergänzt. Vollzieh doch beim Lesen bewusst einmal nach, was Gott zu bzw. über Israel sagt, denn auf diese Weise kannst du Gottes Herzschlag spüren:

- Israel wird Knospen und Blüten tragen und die ganze Erde mit seiner Frucht erfüllen! (Jesaja 27,6)
- Hab keine Angst, Israel, ich habe dich erlöst. Ich habe dich bei deinem Namen gerufen; du gehörst mir. (Jesaja 43,1)
- Kann eine Mutter etwa ihren Säugling vergessen? Fühlt sie etwa nicht mit dem Kind, das sie geboren hat? Selbst wenn sie es vergessen würde, vergesse ich dich, Israel, nicht! (Jesaja 49,15)
- Israel, ich füttere deine Peiniger mit ihrem eigenen Fleisch. Sie sollen sich mit ihrem eigenen Blut betrinken wie mit jungem Wein. Die ganze Welt wird dann erkennen, dass ich, der Herr, dein Heiland bin und dass der Mächtige Jakobs dein Erlöser ist. (Jesaja 49,26)
- Einen Augenblick habe ich dich, Israel, verstoßen, doch voll Barmherzigkeit werde ich dich zurückholen. In einem Moment des Zorns habe ich kurz mein Antlitz vor dir verborgen, doch mit ewiger Gnade habe ich Erbarmen mit dir, spricht der Herr, dein Erlöser. (Jesaja 54,7-8)
- Auch wenn Berge weichen und Hügel beben, soll meine Gnade nicht von dir, Israel, gehen; und der Bund meines

Friedens soll niemals wanken, spricht der Herr, der Erbarmen mit dir hat. (Jesaja 54,10)

- Die Erde ist von Finsternis zugedeckt und die Völker liegen in tiefer Dunkelheit, aber über dir, Israel, strahlt der Herr auf. Man kann seine Herrlichkeit über dir schon erkennen. (Jesaja 60,2)
- Ich will Jerusalem zu einer Stätte des Glücks und seine Bewohner zu einer Quelle der Freude verwandeln. Ich selbst werde mich an Jerusalem freuen und über mein Volk Israel fröhlich sein und der Klang von Weinen und Klagen soll dort nicht mehr zu hören sein. (Jesaja 65,18-19)

Sind diese Aussagen nicht gewaltig? Sie zeigen auf einzigartige Weise, wie Gott ist – und wie Gott zu Israel ist.

## Israel als Spielball der Weltmächte

Nehmen wir nun den geschichtlichen Faden wieder auf. Auch das babylonische Reich ist nicht von Dauer und wird vom Perserreich abgelöst. Die Perser haben eine recht liberale Politik. Unter ihrer Herrschaft dürfen die Juden aus dem Exil zurückkehren und sogar der Tempel kann wieder aufgebaut werden. Davon berichten die Bücher Esra und Nehemia. Im Jahr 515 v. Chr. wird der sogenannte Zweite Tempel eingeweiht. Das ist der Tempel, in dem noch Jesus ein und aus ging und dessen monumentale Mauern (der längste Grundstein ist dreizehn Meter lang und noch heute zu besichtigen!) die Jünger beeindruckten (Markus 13,1).

In die Perserzeit gehört auch das Buch Esther. Dort wird berichtet, wie der Perser Hamann aus verletztem Stolz heraus plant, das ganze jüdische Volk auszulöschen. Doch Gott sorgt vor. Er macht Esther zur Königin der Perser und sie kann die Katastrophe abwenden. Dies wird noch heute in Israel mit dem sehr fröhlichen *Purim*-Fest gefeiert. Dahinter steht allerdings die traurige Erfahrung, dass es immer wieder Pläne gab, Gottes Volk zu vernichten. In früher Zeit versucht Amalek dies (2. Mose 17), später Hamann, in heutiger Zeit Hitler, der Iran und islamistische Terrorgruppen wie die Hamas. Endzeitlich berichtet auch Sacharja davon (Sacharja 12–14). Wie fühlt es sich wohl an, in einem Volk zu leben, das ständig um seine Existenz bangen muss? Kannst du dir das vorstellen?

Auf das Perserreich folgen die Griechen. Unter Alexander dem Großen wird das größte Reich errichtet, das die Antike hervorbringt. Es reicht von Griechenland bis zum heutigen Afghanistan. Alexander wird von dem großen Philosophen Aristoteles unterrichtet. Er hat also eine exzellente Bildung. Die gebildeten Griechen haben ein gesundes Selbstbewusstsein. Sie sehen ihre Kultur als überlegen an und nennen alle anderen Völker »Barbaren«. Für Alexander ist es somit eine Frage der Ehre, die ganze damalige Welt mit der griechischen Kultur zu überziehen. Das ist sein Ziel und seine Mission. Die Juden bringt das in Schwierigkeiten, denn die jüdische Kultur ist komplett auf Gott ausgelegt. Zum ersten Mal in der langen Geschichte erleben die Juden, dass nicht nur ihre nationale Existenz, sondern ihr Glaube von einer herrschenden Weltmacht bedroht wird. Damit geht es nun wirklich ans Eingemachte.

Die Situation spitzt sich zu, als im 2. Jahrhundert v. Chr. der jüdische Tempel entweiht wird und dort griechischen Göttern Opfer gebracht werden. Mitten in Jerusalem wird ein *Gymnasion*, eine Art Trainingszentrum, gebaut, in dem junge jüdische Männer, wie es in jener Zeit üblich ist, nackt Sport treiben. Manche lassen sich sogar, um griechisch zu wirken, wieder eine Vorhaut anoperieren – wie auch immer man sich das mit den damaligen Mitteln vorstellen muss – und andere verfallen der Homosexualität. Damit ist für viele Juden das Maß voll. Unter Judas Makkabäus machen sie einen Aufstand und das Unglaubliche gelingt: Die Juden besiegen die Griechen und der Tempel kann wieder eingeweiht werden. Dies feiern die Juden bis heute mit dem *Chanukka*-Fest. Man sieht: Treue zu Gott kann zu Konflikten führen. Das war zu allen Zeiten so. Manchmal muss man seinen Mann oder seine Frau stehen und den Glauben verteidigen – kennst du das auch?

Den Griechen folgen die Römer und mit ihnen kommen wir in die Zeit des Neuen Testaments. Die Römer sind zwar Besatzer Israels, andererseits gewähren sie den Juden große Freiheiten und sorgen für Stabilität. Viele Juden sind der Meinung, dass man sich mit ihnen arrangieren sollte, zumal ein Aufstand verheerende Folgen hätte. In jener Zeit entsteht im Judentum eine Vielzahl von Gruppen und religiösen Parteiungen.

Da sind zum Beispiel die Pharisäer, eine Bewegung, die Israel in echten Thora-Gehorsam führen will. Das ist eigentlich ein gutes Ziel, nur stellen sie eine große Zahl an eigenen Regeln auf. Gegen diese von Menschen aufgebaute »Gesetzlichkeit«, die zum Judentum eigentlich gar nicht passt, wehrt Jesus sich. Ihm ist es wichtig, zwischen Gottes Geboten und menschlichen Regeln zu unterscheiden, ansonsten steht er den Pharisäern aber nahe.

Dann gibt es die Sadduzäer, eine intellektuelle Gruppe vor allem aus Priestern. Der Tempel spielt für sie eine zentrale Rolle, doch glauben sie weder an die Auferstehung der Toten noch an die Existenz von Engeln und Dämonen.

Weiter gibt es verschiedene Gruppen mit ganz speziellem Profil. Die Zeloten beispielsweise wollen mit einer Guerillataktik die Römer loswerden. Mit kleinen Angriffen hoffen sie, den großen

Sieg zu erringen. Die Qumranleute hingegen haben völlig andere Überzeugungen. Sie ziehen sich in die Wüste zurück, weil sie glauben, der Rest von Israel sei ohnehin verloren und der Tempel mit seinen korrupten Priestern nicht mehr zu retten. Die Gruppe der Essener schließlich ist kaum zu greifen. Vermutlich sind sie noch strenger als die Pharisäer. Sie legen vor allem großen Wert auf die Reinheitsvorschriften, die sie bis ins Extrem steigern. Reinheit ist für sie der Schlüssel, Gott zu gefallen, doch gehört auch der Widerstand gegen das Griechentum zu ihren Kennzeichen.

Zuletzt sind auch Volksbewegungen zu erwähnen, die in jener Zeit nicht ungewöhnlich sind und von charismatischen Persönlichkeiten angeführt werden. Das können Pseudopropheten sein, aber auch von Gott gesandte Männer wie Johannes der Täufer und Jesus aus Nazareth. Den Unterschied sieht man bei solchen »Lichtgestalten« manchmal nicht auf den ersten Blick. Also pass auf, wem du folgst!

## Wie es weitergeht

In jener Zeit wird den Juden immer klarer, dass bald eine ganz neue Zeit anbrechen wird. Dafür wird Gott selbst sorgen. Hinweise dafür gibt es im Alten Testament an verschiedenen Stellen. In Daniel 2 wird beschrieben, wie ein weltweites Großreich das andere ablöst, bis am Ende Gott kommt und die Herrschaft übernimmt – für immer und ewig. Eine gewaltige Vision, oder? Gerade wenn man an all die Großreiche denkt, die wir oben kennengelernt haben. Oder Jesaja 11. Dort ist von einem weltweiten Friedensreich die Rede, in dem sogar Löwen und Lämmer friedlich zusammenleben, und in Jesaja 24 wird gesagt, dass es eines Tages den Tod nicht mehr geben wird.

So unterschiedlich diese Erwartungshorizonte sind, so deutlich fügen sie sich zu einem Gesamtbild zusammen: dem Bild einer erlösten Welt. Dieses Bild hat im Judentum einen Namen: das Reich Gottes. Und dieses Reich wird durch einen einzigartigen Mann aufgerichtet werden: den Messias. Sehnsüchtig warten die Juden auf ihn.

# Die Zeitenwende

2. Teil

# Das Unglaubliche wird wahr: Der Messias kommt

Es ist um das Jahr 3760 – nach jüdischer Zählung. Zwei prophetisch begabte Menschen treffen in Jerusalem auf ein frisch geborenes Baby. Durch den Heiligen Geist erkennen sie, dass es sich um den Messias handelt, den angekündigten Erlöser Israels, auf den die Juden schon lange warten. Freude bricht aus, sie jubeln: Endlich ist der Messias da! Bei den beiden handelt es sich um den alten Simeon und um die Prophetin Hanna (Lukas 2,21-40). Das Baby ist Jeschua aus Nazareth, das zur Beschneidung in den Tempel gebracht wird, und nach christlicher Zählung befinden wir uns um das Jahr null: die Zeitenwende.

In der Zeit davor hat sich im Judentum die Erwartung herausgebildet, dass ein Erlöser (der Messias) kommen wird. Messias heißt »der Gesalbte«. Im Hebräischen heißt er *Maschíach*, im Griechischen *Christós*, im Lateinischen Christus. Doch was ist das eigentlich, der Messias? Gesalbte gab es in der Geschichte Israels ja viele: Könige, Priester und Propheten. Aber am Ende der Tage wird der letzte und größte kommen, der Israel wiederherstellen und die ganze Welt in Ordnung bringen wird. Der Messias hat den Heiligen Geist in seiner ganzen Fülle.

Wie genau man sich den Messias vorstellen muss, ist im Judentum jener Zeit jedoch umstritten. Die meisten rechnen mit einem großartigen König, wie David es war. Andere meinen, dass er ein Thoralehrer wie Mose oder ein Priester in der Tradition Aarons sein wird. Für alle drei Varianten gibt es Hinweise in der Schrift (2. Samuel 7,16; 5. Mose 18,15; 4. Mose 25,10-13). Manche denken an eine Kombination, sodass der Messias alle drei Ämter in sich vereint. Manche rechnen gar mit zwei Messiassen – einem königlichen und einem priesterlichen – und einige erwarten, dass Gott selbst die Heilszeit bringen wird, ohne Messias. Die meisten sehen im Messias einen ganz normalen Menschen, den Gott durch eine außerordentliche Salbung mit Heiligem Geist zum Messias macht. Es gibt aber auch die Ansicht, dass der Messias im Himmel bereits existiert – sei es real, sei es als Idee Gottes – und später Mensch wird.

Wie auch immer, die Zeitenwende wird kommen und wahrscheinlich wird Gott sie durch seinen Messias vollziehen. Das ist den Juden klar. Durch den Messias wird Gott seine Herrschaft endlich vollenden, sodass zuletzt alles gut sein wird. Viele Juden jener Zeit warten auf den verheißenen Messias. Nun ist er endlich da: Jeschua – Jesus. Simeon und Hanna sehen ihn und preisen Gott.

Indem Lukas von Simeon und Hanna berichtet, wird klar, in welcher Perspektive der Leser Jesus sehen soll: in dem Glauben, dass Jesus der jüdische Messias ist. Darin stimmen übrigens alle vier Evangelien überein. Doch das ist nicht selbstverständlich, denn man könnte auch andere Blickwinkel einnehmen. So könnte man Gründe suchen, die Messianität Jesu zu bestreiten, wie viele Juden es auch heute tun. Oder man könnte an Jesus lediglich historisches Interesse haben wie an Alexander dem Großen oder

Martin Luther King. Man kann Jesus unter der Perspektive sehen, dass er Gott ist, wie die meisten Christen es tun. Oder man sieht in Jesus den, zu dem man sich bekehrt hat – den persönlichen Hirten, Freund, großen Bruder und Herrn. All diese Herangehensweisen haben ihr Recht.

Für die Autoren des Neuen Testaments ist aber die Perspektive entscheidend, dass Jesus der jüdische Messias ist. Diese Aussage ist so wichtig, dass sie sogar zum Namensbestandteil wurde: Jesus Christus. Eigentlich ist das ein Glaubensbekenntnis: *Jeschua HaMaschiach* – Jesus ist der Messias! Doch das nehmen viele kaum mehr wahr. Als Messias ist Jesus jedenfalls ein besonderer Mensch, den Gott am Ende der Tage gebraucht, um den Durchbruch zur Heilszeit zu erzielen. Das ist der Horizont, der für die Autoren des Neuen Testaments grundlegend ist.

## Unauffällige Kindheit und der Wendepunkt

Von den ersten drei Jahrzehnten Jesu wissen wir fast nichts. Zu Beginn ist er ein ganz normales Baby, das nervt, wenn es nachts schreit, und Freude macht, wenn es einen anlächelt. Später wächst Jesus in Nazareth auf, einer Kleinstadt im Norden Israels, in Galiläa. Er wird von Maria und Josef gut erzogen und besucht wohl, wie viele Kinder jener Zeit, eine Thora-Schule. Deshalb kennt er sich in der Thora auch gut aus.

An manchen Stellen blitzt auf, dass Jesus als Person einen anderen Hintergrund hat, denn er wurde vom Geist Gottes gezeugt und kommt sozusagen aus dem Himmel (Lukas 1,26-38 und 2,41-50). Aber das ist selten. Jesus ist ein normaler Teenager und lebt ein normales Leben. Allerdings ohne zu sündigen (Hebräer 4,15). Jesus ist durch und durch in Ordnung.

Als Jesus erwachsen ist, übernimmt er einen Beruf, der in der Familie verbreitet ist, und wird Zimmermann oder besser gesagt Allround-Handwerker. Jesus arbeitet auf dem Bau und in der Werkstatt. Er arbeitet hart, er schwitzt in der Hitze Israels, in den Pausen freut er sich auf Essen und Trinken, abends kehrt er erschöpft heim und kümmert sich um die privaten Dinge. So wie das bei dir und mir auch ist. Das ist das Leben Jesu über viele Jahre hinweg. An Jesus ist nichts Ungewöhnliches und nichts Übernatürliches. Er tut keine Wunder und vollbringt keine Heilungen, er lehrt nicht und weissagt nicht. Jesus ist ein ganz normaler Mensch. Ein klasse Mann, sicher, aber unauffällig. Jesus tut jahrelang nichts anderes als seinen Job. Und der bringt ihm kaum mehr ein als Schwielen an den Händen. Nichts deutet darauf hin, dass er der Messias sein könnte und Gott Großes mit ihm vorhat.

Doch dann wendet sich eines Tages schlagartig das Blatt. Jesus hört, dass ein gewisser Johannes plötzlich in der Öffentlichkeit auftritt. Johannes ruft seine Landsleute zur Umkehr, stellt ihnen die Vergebung Gottes in Aussicht und besiegelt dies mit einem Tauchbad. Große Menschenmengen pilgern zu Johannes. Sie bekennen ihre Sünden, empfangen die Taufe und kehren geistlich erneuert in ihren Alltag zurück. Jesus erkennt, dass der Täufer im Auftrag Gottes unterwegs ist und Israel auf die Zeitenwende vorbereitet. Deshalb lässt auch er sich taufen. Auf diese Weise wird Jesus Teil der neu entstandenen Umkehrbewegung in Israel.

Als Jesus getauft wird, geschieht jedoch etwas Besonderes. Der Himmel öffnet sich und der Heilige Geist kommt auf Jesus herab. Kannst du dir schon denken, was das bedeutet? Jesus bekommt eine Geistsalbung, und zwar eine der besonderen Art: die Messiassalbung. Doch das ist noch nicht alles. Eine Stimme ertönt vom

Himmel herab und nennt Jesus »geliebten Sohn«. Die Stimme ist Gottes Stimme, also ist Jesus der Sohn Gottes.

Im Judentum jener Zeit wird der Messias als Sohn Gottes bezeichnet (Markus 14,61). Damit ist klar, was hier vor sich geht: Jesus bekommt die Messiassalbung und wird zugleich als Messias angeredet bzw. ausgerufen. Deshalb beginnt er ab diesem Zeitpunkt, als Messias zu wirken. Die Taufe wird also zum Wendepunkt in der Biografie Jesu. Das Handwerk wird an den Nagel gehängt, die Zeit des geistlichen Vollzeitdienstes beginnt und Nazareth war gestern. Ab jetzt geschieht Unglaubliches. *Blinde sehen, Gelähmte gehen, Aussätzige werden gesund, Taube hören, Tote werden zum Leben erweckt und den Armen wird die gute Botschaft verkündet*, so fasst es Jesus in Matthäus 11,5 zusammen. Jesus hat das bereits zu Beginn seines Wirkens angekündigt (Lukas 4,16-21) und dabei auf Jesaja 61,1-2 Bezug genommen. Jetzt also geschieht, was Jesaja für die messianische Zeit angekündigt hat! Ist das nicht großartig?

Viele Christen verstehen den Titel »Sohn Gottes« anders. Sie meinen, mit diesem Titel soll vor allem zum Ausdruck gebracht werden, dass Jesus Gott ist. Was der Sohnestitel meint, ist aber etwas anderes: die enge Verbindung mit Gott. Diese Verbindung bestimmt das Leben Jesu vollkommen, sodass Jesus ohne Sünde lebt. Das hat vor und nach ihm keiner geschafft und zeigt, wie einzigartig Jesus ist. Und Jesus tut nur das, was er den Vater tun sieht (Johannes 5,19). Jesus ist innerlich in engstem Kontakt mit dem Vater im Himmel und setzt konsequent um, was Gott getan haben will. Diese enge Verbundenheit zeichnet Jesus aus. Deshalb kann man an ihm, an dem Menschen Jesus, den Vater erkennen (Johannes 14,9). Auch das ist einzigartig.

**Der Titel »Sohn Gottes«**

Der Titel »Sohn Gottes« ist in der Bibel nicht auf Jesus beschränkt. Auch Israel kann als Sohn Gottes bezeichnet werden (2. Mose 4,22), ebenso ein so großer König wie Salomo (1. Chronik 28,6). Doch auch wir Christen dürfen uns als Kinder, als Söhne und Töchter Gottes sehen und Gott Vater nennen – durch Jesus (Johannes 1,12; Römer 8,15; Galater 4,1-7; Epheser 1,5). Allerdings ist Jesus nicht nur *ein* Sohn, sondern *der* Sohn. Das betont das Johannesevangelium an vielen Stellen. Jesus ist der eine und höchste Gottessohn, der wie kein anderer Gott auf Erden repräsentiert, offenbart und zur Geltung bringt – er ist eben der Messias.

## Der jüdische Rabbi Jesus

Jesus ist ein Jude unter Juden. Mit Nichtjuden hat Jesus so gut wie keinen Kontakt. Denn Jesus wurde gesandt, *um dem Volk Israel zu helfen – Gottes verlorenen Schafen – und nicht denen, die keine Juden sind* (Matthäus 15,24). Jesus ist durch und durch Jude. Er verkündigt den Gott Israels, er lehrt die Schrift Israels und ist der Messias Israels. Löst man Jesus aus seinem jüdischen Kontext heraus, dann bleibt nur noch ein einfacher Zimmermann mit Sandalen, von denen es in jener Zeit Hunderte gibt. Alles andere an Jesus kommt aus dem Judentum. Sein ganzes Denken, seine Art zu leben, sein Glaube und seine Lehre. Wenn du Christ bist, dann glaubst du an einen Juden, und dein ganzer Glaube ist jüdischen Inhalts. Hast du darüber schon einmal nachgedacht?

Jesus will das Judentum nicht abschaffen, sondern in seine Bestimmung bringen. Das sagt er auch in Matthäus 5,17:

> Versteht nicht falsch, warum ich gekommen bin. Ich bin nicht gekommen, um das Gesetz oder die Schriften der Propheten abzuschaffen. Im Gegenteil, ich bin gekommen, um sie zu erfüllen.

Erfüllen heißt verwirklichen, nicht abschaffen. Ist es nicht interessant, dass Jesus die Sorge hat, dass er als Revolutionär missverstanden wird, der das Judentum umkrempeln will? Genau das hat nämlich die Christenheit aus ihm gemacht. Jesus ist aber anders drauf. Er ist weder gegen den Tempel noch gegen die Thora. Er ist nicht gegen die Speise- und Reinheitsgebote, nicht gegen den Sabbat, die Feste oder jüdische Traditionen, denn all das lebt er selbst.

Es gibt allerdings eines, das Jesus wirklich auf die Palme bringt: menschliche Verzerrungen und religiöse Übertreibungen. Besonders wenn sie sich fromm tarnen und als Gebote Gottes verkauft werden. Da hört's bei Jesus auf. Wenn man das Äußere für wichtiger hält als das Herz, kann man nicht mit Jesu Zustimmung rechnen. Wenn man sich um gesetzliche Details kümmert, aber das Wesentliche außer Acht lässt, hat man Jesus gegen sich. Und wenn man die Gebote der Thora verdreht und menschliche Verbote obendrauf packt, dann leistet Jesus Widerstand (Matthäus 23). All die Kämpfe, die Jesus ausficht, richten sich nicht gegen das Judentum, sondern gegen das, was Menschen daraus gemacht haben. Das ist der Punkt. Wenn man aus der Distanz von bald zweitausend Jahren auf die Bibeltexte schaut oder sie durch die christliche Brille liest, wirkt das manchmal anders. Stellt man sich aber in die Schuhe eines Juden zur Zeit Jesu, ist das eine klare Sache und auch heutiger Stand der Forschung.

Das heißt umgekehrt: Jesus versteht sich als Mitglied des jüdischen Volkes, er dient dem Gott Israels und will definitiv keine neue Religion gründen. Jesus könnte nie so tun, als ob es die Thora (das Gesetz) nicht mehr gäbe, wie manche Christen es tun. Er könnte auch nicht das Judentum als dunklen Hintergrund missbrauchen, auf dem das Christentum umso heller strahlt. Und er ist auch nicht der Meinung, dass das Judentum eine Leistungsreligion sei, die man aufbrechen oder gar hinter sich lassen müsse. All das ist Jesus fremd und – wie wir noch sehen werden – auch Paulus. Jesus war kein Christ und hat sich nie bekehrt. Er bewegt sich nicht außerhalb des Judentums, sondern innerhalb – und seiner Meinung nach sogar im innersten Kern. Dabei setzt er aber kraftvolle Akzente. Jesus ist jüdischer Thora- und Weisheitslehrer, er ist Rabbi, allerdings mit messianischer Größe. Deshalb hat seine Lehre eine besondere Dimension von Gnade und Vollmacht. Das spüren seine Zeitgenossen und das fasziniert die Menschen bis heute! Doch Jesus ist Jude – und daran ändert sich auch nichts.

## Mord an einem Unbequemen

Jesus wird zahllosen Menschen zum Segen, aber er eckt auch bei vielen an. Zum Segen wird er eher den einfachen Leuten und den Randgruppen. Die Führungsschicht ist verschlossener. Als Messias hat Jesus einen direkten Draht zu Gott, wie ihn sonst niemand hat. Das heißt nicht, dass das Judentum zur Zeit Jesu generell danebenliegen würde. Es gibt viele Juden, die mit Gott leben und ihren Glauben ernst nehmen. Es gibt aber auch anderes: Heuchelei, aufgesetzte Frömmigkeit, Selbstgerechtigkeit und Sünde. Jesus pflegt eine einzigartige Gottesbeziehung. Seine Nähe zu Gott erreicht sonst niemand. Das gilt im Vergleich zum alten Israel, aber auch zu uns Christen heute. Jesus lebt hundertprozentig in Übereinstimmung mit Gott, alle anderen tun das nicht. Gerade das führt Jesus in Konflikte hinein. Und davon berichtet die Bibel.

Jesus gerät regelmäßig in die Kritik, wenn er bestimmte Regeln nicht achtet. Dabei geht es um menschliche Regeln, nicht um die Thora. Es sind vor allem die Pharisäer, die eine große Zahl an Regeln erlassen. Dahinter steht eigentlich eine gute Motivation. Die Pharisäer wollen erreichen, dass die Gebote Gottes auch wirklich eingehalten werden. Doch ist das gar nicht so einfach. Wenn es in der Thora heißt, dass man den Sabbat halten soll, stellt sich sofort die Frage, was das konkret heißt. Jesus beispielsweise heilt am Sabbat einen Kranken. Er tut das in der festen Überzeugung, damit nicht den Sabbat zu verletzen. Die Pharisäer sehen das anders und greifen ihn an (Lukas 6,6-11). Dass der Sabbat heilig ist, ist Konsens. Was aber darf man am Sabbat noch tun und ab wann verletzt man ihn? Das ist die Frage. Und die wird unterschiedlich beantwortet. Kannst du das nachvollziehen? Das ist übrigens der Grund, warum die Juden so diskussionsfreudig sind. Das Sprichwort *Vier Juden, fünf Meinungen* ist nicht aus der Luft gegriffen. Das sagen viele Juden so auch selbst.

Auch in der Reinheitsdiskussion setzt Jesus andere Schwerpunkte. Deshalb nimmt er es mit dem rituellen Händewaschen vor dem Essen nicht so genau, zumal die Thora dies gar nicht verlangt (Matthäus 15,1-20). Ähnliches gilt für den Tempel. Was hier geschieht, findet Jesus empörend. Wie kann man es wagen, am Tempelgottesdienst teilzunehmen, ohne innerlich beteiligt zu sein? Wie kann man für ein paar Groschen ein Opfer bringen, ohne seine Sünden zu bereuen? Für Jesus ist es nicht akzeptabel, wie Gott hier behandelt wird und wie billig die Menschen meinen sich »freikaufen« zu können. Aus Jesu Sicht widerspricht das dem Sinn des Tempels geradezu (Matthäus 21,12-17; vgl. Jeremia 7)! Jesus ist also nicht gegen das Judentum, wie in der Christenheit oft gesagt wurde, sondern er kämpft darum!

Doch es wird noch krasser. In Markus 2 wird ein Gelähmter von seinen Freunden zu Jesus gebracht. Da der Raum voll ist, kommen sie nicht rein. Also klettern sie aufs Dach, machen eine Öffnung hinein und lassen den Gelähmten herunter. Direkt vor die Füße Jesu. Jesus spricht dem Gelähmten zunächst die Vergebung seiner Sünden zu. Doch darf Jesus das? Die Schriftgelehrten verneinen das und halten es für Gotteslästerung. Daraufhin gibt Jesus Gas. Er erhebt den Anspruch, im Auftrag Gottes Sünden vergeben zu können, und »beweist« dies, indem er den Gelähmten heilt. Der Gelähmte steht auf, bahnt sich einen Weg durch die staunende Menge und geht heim. Von ihm hören wir nichts mehr, doch der Anspruch Jesu, stellvertretend für Gott Sünden vergeben zu dürfen, steht weiter im Raum. Die Menschen sind begeistert, denn sie haben so etwas noch nie erlebt, die Schriftgelehrten bleiben jedoch ablehnend. Feindschaft keimt auf. Den Vorwurf der Gotteslästerung, der am Ende zur Kreuzigung führen wird, wird Jesus nie wieder los.

Jesus tut zwar auffällige Wunder, aber dass er der Messias ist, ist für die Juden jener Zeit nicht so offensichtlich, wie du vielleicht denkst. Dazu kommt, dass Jesus sich zu dieser Frage nicht äußert. Dadurch entsteht Interpretationsspielraum und der wird von seinen Gegnern genutzt. In Matthäus 12 beispielsweise befreit Jesus einen Menschen, der hochgradig von dunklen Mächten besessen ist. Wieder sind die Menschen begeistert und fragen sich, ob Jesus der Messias ist. Die Pharisäer behaupten jedoch das Gegenteil und meinen, dass Jesus die Dämonen in der Vollmacht Satans, dem Obersten der dunklen Mächte, austreibt. Ein und dieselbe Handlung, aber unterschiedliche Wahrnehmungen und Deutungsmuster. Wir alle kennen das.

Ist Jesus der Messias, ein etwas überdrehter Wundertäter, ein Hochstapler, ein Aufrührer, ein Verführer oder gar im Auftrag des Teufels unterwegs? Das ist die Frage. Und sie entscheidet sich vor allem daran, ob man Jesus Vertrauen oder Misstrauen entgegenbringt. Die Situation ist allerdings nicht so einfach zu beurteilen, wie du vielleicht denkst. Denn mit Messiassen haben die Juden in der Zeit vor Jesus schlechte Erfahrungen gemacht. Jesus als Messias anzuerkennen, wäre außerdem eine heiße Kiste, denn dann bekommt man es sofort mit den Römern zu tun. Das sollte man tunlichst vermeiden. Blindes Vertrauen ist hier nicht angesagt – man muss schon kritisch hinschauen und den Mann prüfen.

Doch steht hinter dem negativen Urteil der Führenden auch so etwas wie simpler Neid (Matthäus 27,18) und sicher noch andere fragwürdige Motive. Klar ist: Jesus wirkt auf eine ungeheuer starke Weise, doch er hinterfragt auch viel. Er zieht die Menschenmengen an, wirbelt aber auch eine Menge Staub auf und das ist gefährlich. Wenn man kein Risiko eingehen will, dann muss man Jesus loswerden. Und so kommt es denn auch. Jesus wird verraten und verleumdet und von dem feigen Pilatus zum Tod verurteilt. Schuldlos wohlgemerkt. Das ist eine Riesen-Schweinerei! Jesus ist einer von denen, die ein gewaltiges Potenzial haben, die Menschheit voranzubringen, dann aber zwischen den Mühlsteinen der Macht zermahlen werden – und die Öffentlichkeit schaut einfach zu. Ob es ihm heute anders ergehen würde? Wie stellen wir uns zu Menschen, die unendlich viel Gutes tun, dabei aber auch den Finger in die Wunde legen? Jesus war nicht nur der nette Kumpel von nebenan.

Es wäre nun allerdings völlig falsch, den Mord an Jesus »den Juden« zuzuschreiben. Viele Juden zu der Zeit lieben und verehren Jesus. Andere respektieren ihn, auch wenn sie sich ihm nicht anschließen, und wieder andere stellen sich gegen ihn. All das gibt es. Historisch ist es nur eine kleine Gruppe intriganter Akteure, die Jesus zu Tode bringt. Diese Gruppe ist für Jesu Tod verantwortlich, nicht die Juden an sich und als Gesamtheit. Da es sich aber um die Führenden Israels handelt, wird eine Weiche für das ganze Volk gestellt und der »Israelzug« rollt seither ohne Jesus weiter. Mit der Ermordung Jesu ist allerdings erst einmal alle Hoffnung dahin, dass Jesus der Messias sein könnte. Jesus ist tot. Das war's dann wohl. Es ist aus und vorbei. Ende Gelände. Für die meisten Juden ist Jesus seither Geschichte.

## Sensation nach drei Tagen

Doch denkste – denn drei Tage später geschieht etwas Erstaunliches. Gott weckt Jesus von den Toten auf. Das ist natürlich eine Sensation! Doch handelt es sich nicht nur um eine physische Wiederbelebung. Jesus ist verwandelt. Er hat einen neuen Leib, der nicht mehr dem ehernen Gesetz der Sterblichkeit unterliegt. Jesus erscheint Hunderten seiner Anhänger, bis er vor den Augen seiner Jünger in den Himmel geholt wird. Nun rattern die Gehirne der Jesusanhänger, was all das zu bedeuten hat. Das würde uns an ihrer Stelle sicher genauso gehen. Schnell wird einiges klar:

- Gott steht hundertprozentig zu Jesus. Sonst hätte er ihn nicht auferweckt. Das ist eine unüberbietbare Bestätigung für Jesus. Jesus ist kein Scharlatan. Jesus ist der Messias! Und er lebt!
- Jesus ist der erste Mensch, der die Vergänglichkeit hinter sich gelassen hat und den Leib der Ewigkeit an sich trägt.

Damit ist klar, dass Jesus den Tod besiegt hat, wie es schon bei Jesaja vorausgesagt ist (Jesaja 25,8).

- Wenn Gott an Jesus so etwas Grandioses tut, dann war Jesu Tod sicher kein Betriebsunfall, sondern hat einen anderen Hintergrund. Jesaja 53 liefert den Schlüssel: Jesus starb für uns Menschen, um unserer Sünde willen, sodass wir frei sein können.
- Gott holt Jesus in den Himmel. Er setzt ihn zu seiner Rechten und macht ihn so zum König und Herrn (Apostelgeschichte 2,32-36; Philipper 2,9; vgl. Psalm 110). Im Himmel gibt es nun ein Doppelgespann: Gott und den Messias. Jesus lebt nicht nur, er regiert!
- Da Jesus der Messias ist, beginnt nun eine neue Zeit: die messianische Zeit. Das bedeutet, dass nun auch Nichtjuden zum Gott Israels kommen dürfen. Die ganze Welt ist eingeladen (vgl. Jesaja 2,1-5)! Deshalb drängt es später Paulus zu den Nichtjuden.
- Nimmt man diese Erkenntnisse zusammen, dann kann man nur begeistert sein. Was für eine großartige Neuigkeit! Diese Neuigkeit wird von den frühen Gläubigen mit dem Begriff *Evangelium* bezeichnet (dt.: gute Botschaft) und eifrig verkündigt.
- Vieles auf der Welt ist noch immer beim Alten. Deshalb wird Jesus wiederkommen und sein Werk vollenden. Die Gläubigen sehnen sich danach: *Maranata! – Unser Herr komme bald!* (1. Korinther 16,22). Erst dann wird seine Mission abgeschlossen sein.

Damit ist die Jesusgeschichte erzählt. Und zwar bis zu ihrem Ende, das ja noch aussteht. Interessant ist, dass wir Gläubige aus den Nationen nun an derselben Stelle stehen wie die gläubigen Juden, denn wir warten gemeinsam auf das Kommen des Messias. Die Juden warten noch immer, dass der Messias kommt, wir warten darauf, dass Jesus wiederkommt und sich endgültig als Messias erweist. Der Erwartungshorizont ist derselbe. Der Messias wird kommen. Er wird Gericht halten, alle seine Feinde besiegen, Israel wiederherstellen und die Welt in Ordnung bringen. Für immer. Dann wird das Reich Gottes vollendet werden und alles wird gut sein. Das ist auch heute noch die große Hoffnung, die wir Christen für die Welt haben.

## Tell the Story

Bis Jesus wiederkommt, muss uns aber nicht langweilig werden, denn wir haben ja das Evangelium. Wenn wir aus dem Glauben an das Evangelium leben, verändert sich unser Leben, und wenn wir es weitergeben, verändert sich das Leben anderer.

Was aber ist das Evangelium? Es ist die Geschichte, die Gott in und mit Jesus geschrieben hat. Diese Geschichte kann man erzählen. Interessant ist, dass selbst hinter Texten, die eher abstrakt wirken, die Jesusgeschichte steht. Zwei Beispiele: *Denn Gott war in Christus und versöhnte die Welt mit ihm selber* (2. Korinther 5,19a; LUT). Diesen Vers kann man entfalten und nacherzählen. Oder 1. Timotheus 2,5: *Denn es gibt nur einen Gott und nur einen Vermittler zwischen Gott und den Menschen: Das ist Christus Jesus, der Mensch geworden ist.* Wie es dazu kam und was der Mittler tut, kann man in eine Geschichte packen.

All diese Formeln und Formulierungen haben einen gemeinsamen Nenner: Gott ist und bleibt jenseitig im Himmel, aber er sendet seinen Messias, um uns zu erlösen. Das ist die ganze

Geschichte. Die können Juden wie Nichtjuden verstehen. Erzähl die einfach und alles passt.

Neu ist, dass Jesus *der Herr* ist. *Der Herr* ist im Alten Testament aber Gott. Wie kann dann jetzt plötzlich Jesus der Herr sein? Das ist die Frage. Jesus war nicht immer der Herr. Das wird er erst nach seiner Himmelfahrt, als Gott ihn zu seiner Rechten einsetzt und zum Herrn macht. Das kannst du in Apostelgeschichte 2,32-36 und Philipper 2,9-11 nachlesen. Nach 1. Korinther 15,20-28 wird sich das aber wieder ändern. Wenn Jesus wiederkommt, richtet er das Reich Gottes vollständig auf und übergibt es an Gott, den Vater, der dann die ganze Welt erfüllen wird. Wenn das geschehen ist, hat Jesus sozusagen seinen Job getan. Dann ist das Ziel erreicht und Jesus tritt zurück, damit am Ende Gott es ist, der alles beherrscht und bestimmt (1. Korinther 15,28). In Jesus begegnet uns Gott, durch Jesus handelt Gott, Jesus repräsentiert Gott und er vertritt Gott. All das kann man erzählen.

Kompliziert wird es, als die frühe Kirche anfängt, den Weg des Erzählens zu verlassen, und Gott bzw. Jesus auf philosophische Weise ergründen will. Über Jahrhunderte werden Diskussionen geführt, die für den normalen Menschen unverständlich sind und in abstrakten Formeln enden. Diskussionen, ob Jesus Gott oder Mensch oder beides ist und wie Gott einer sein kann und zugleich drei. Solche Gottesspekulationen stoßen Juden ab. Das ist nicht ihr Gott, der Gott Israels, der Geschichte schreibt und die Welt lenkt, und das ist auch nicht ihr Messias. Deshalb kann man sich fragen, ob dies überhaupt der richtige Ansatz war. Diese philosophisch-analytische Art, von Jesus zu sprechen, macht es frommen Juden schwer, zum Glauben an Jesus zu kommen. Das sollten wir ändern. Auch du kannst das ändern. Indem du einfach Jesu Geschichte erzählst.

## Wie es weitergeht

Die Geschichte des Messias geht auch heute noch immer weiter. Tag für Tag begegnet er vielen Menschen. Vielleicht hast auch du schon seine Bekanntschaft gemacht.

Auch damals, zu biblischer Zeit, geht diese Geschichte weiter. Die Menschen, die mit Jesus auf der Erde unterwegs waren, seine Jünger, leben von nun an in dem Wissen des auferstandenen Messias und erzählen anderen von ihm. Einer, dem Jesus auf ganz besondere Weise begegnet, ist der Pharisäer Paulus. Im nächsten Kapitel kannst du nachlesen, was es für Paulus bedeutet, völlig überraschend auf seinen Messias zu treffen.

# Vom Saulus zum Paulus? Was vor Damaskus wirklich geschah

Paulus. Diesen Namen nutzen seine griechisch-römischen Freunde. Doch sein hebräischer Name ist *Scha'ul* (Saulus) – in Gedenken an den ersten König Israels. Geboren wird Paulus in Tarsus. Das liegt in der heutigen Türkei, nicht in Israel. Paulus wächst also in einem griechisch-römischen Umfeld auf. Seine Familie hat sogar das römische Bürgerrecht, was manche Vorteile mit sich bringt. Innerhalb seines Volkes ist Paulus jemand. Er sagt von sich selbst:

> Denn ich bin das Kind einer rein jüdischen Familie, die zum Stamm Benjamin gehört, und wurde mit acht Tagen beschnitten. Wenn es also je einen wahren Juden gab, so bin ich einer! Und nicht nur das: Ich gehörte zu den Pharisäern, die den strengsten Gehorsam gegen das jüdische Gesetz fordern. […] Und ich habe das jüdische Gesetz so streng befolgt, dass mir nie jemand etwas nachsagen konnte.
> *Philipper 3,5-6*

Paulus lebt seinen Glauben mit einer Hingabe und Entschiedenheit, wie man es nur selten antrifft. Und ist er nicht in diesem Rückblick noch ein klein wenig stolz darauf?

Die Leidenschaft für Gott führt Paulus schon in jungen Jahren nach Jerusalem. Dort lehrt der berühmte Rabbi Gamaliel I. Er unterweist Paulus in der Thora. Deshalb kennt Paulus sie wie seine Westentasche. Gamaliel ist ein großartiger Lehrer. Er trägt den Ehrentitel *Rabban* – das bedeutet großer Lehrer – und ist Vorsitzender des Hohen Rates. Als in den frühen Tagen nach Ostern die Jesusbewegung losbricht und viele gegen sie vorgehen wollen, da sagt er: *Ich rate euch, diese Männer in Ruhe zu lassen. Wenn es ihre eigenen Lehren und Taten sind, wird das Ganze bald scheitern. Wenn es jedoch von Gott ist, werdet ihr sie nicht aufhalten können, und am Ende stellt ihr womöglich fest, dass ihr gegen Gott selbst kämpft* (Apostelgeschichte 5,38-39). Durch Gamaliel wird Paulus zum Pharisäer, zum Liebhaber der Schrift und Lehrer der Thora. Und das ist er im Grunde seines Herzens immer geblieben.

Aus dieser Perspektive kannst du vielleicht verstehen, dass Paulus am Anfang die Jesusbewegung verfolgt. An einen (auferweckten) Toten zu glauben, einen Gekreuzigten, ja Verfluchten (5. Mose 21,23), ist für Paulus absurd. Ihn als Messias zu verkündigen, ist nicht nur Unsinn, sondern auch eine Gefahr für das Judentum. Dagegen muss Paulus einfach etwas tun! Gamaliel ist davon, wie gerade gesehen, nicht überzeugt, aber für Paulus ist die Sache klar. Paulus geht gegen die Messiasanhänger vor. Mit aller Entschiedenheit. Dies belastet ihn später und bleibt lebenslang ein Schmerz für ihn.

In Damaskus fassen die Messiasanhänger gerade Fuß. Also zieht Paulus dorthin, um das zu verhindern. Auf dem Weg erscheint ihm Jesus vom Himmel herab. Das haut ihn um und erschüttert ihn. Jesus sagt nämlich: *Ich bin Jesus, den du verfolgst* (Apostelgeschichte 9,5). Den du verfolgst! Paulus ist schlagartig klar, dass er komplett danebenliegt. Er verfolgt den Jesus, den Gott – sein Gott! – *zum Herrn und Christus gemacht hat* (Apostelgeschichte 2,36). Dieser Schock sitzt tief. Manche sagen, dass Paulus sich daraufhin »bekehrt« habe. Das kann man so nicht sagen, denn Paulus lebt von jeher im Bund mit Gott und ist kein Gottloser aus den Völkern (Galater 2,15). Aber Paulus erkennt nun, dass der gekreuzigte Jesus der Herr und Messias Israels ist. Das ist ein geistlicher Durchbruch und ändert vieles.

Zunächst bekommt Paulus einen Auftrag. Er wird von Jesus als sein *auserwähltes Werkzeug* berufen (Apostelgeschichte 9,15) und so wird Paulus ein *apóstolos*, ein Gesandter Jesu. Sein Job besteht darin, die Völkerwelt zu erreichen (Galater 2,8). Das ist für einen Juden zwar neu, aber in Jesaja 66,19 schon vorgezeichnet. Also macht er sich auf zu den Völkern. Was Paulus in der Völkermission erlebt, berichtet die Apostelgeschichte und ist spannend zu lesen. Aber Paulus hat noch eine andere Herausforderung. Er muss seine gesamte Theologie im Licht der Offenbarung Jesu neu durchdenken – eine große Aufgabe. Das Ergebnis findet man in seinen Briefen. Am Anfang steht die Erkenntnis, dass Jesus der Messias ist. Das bedeutet, dass eine neue Ära, die messianische Zeit, gekommen und die Gottesherrschaft angebrochen ist. Sie ist aber nicht so angebrochen, wie man sich das allgemein vorstellt: dass der Messias kommt, sich in Jerusalem auf den Thron Davids setzt, Israel befreit und geistlich erneuert und außerdem die ganze Welt in Ordnung bringt. Das ist ja offensichtlich nicht geschehen. Für die Juden ist das übrigens bis heute das Hauptargument, Jesus nicht als Messias anzuerkennen. Dennoch ist Jesus der Messias – er ist Paulus ja erschienen. Wie aber muss man sich das vorstellen?

Klar ist zunächst Folgendes:

- Wenn durch Jesus die messianische Zeit angebrochen ist, dann hat das Auswirkungen auf das Judentum. Israel soll sich nun von seinem Messias in die neue Zeit hineinführen lassen.
- Die messianische Zeit bedeutet aber auch, dass die Heiden, also die Nichtjuden, zum Volk Gottes dazukommen. Denn das verbinden die Juden von jeher mit ihr. Gott erreicht die ganze Welt!
- Zuletzt ist aber auch deutlich, dass die Vollendung noch aussteht. Also wird Jesus wiederkommen und sein Werk abschließen. Daran besteht kein Zweifel.

Das sind die Eckdaten. Was aber ändert sich nun konkret für Juden und Heiden? Das ist eine spannende Frage, die uns nun beschäftigen soll.

## Good News: Das Evangelium von Jesus

Zunächst entsteht durch Jesus eine neue Message: das Evangelium. Das Evangelium ist die gute Botschaft von dem, was Jesus getan hat: Er hat die Menschen mit Gott versöhnt (2. Korinther 5,18-19). Er hat sich selbst als Opfer gebracht und so Sühne geschaffen. Er hat die Erlösung der Menschen erwirkt und für die Vergebung der Sünden gesorgt.

Im Neuen Testament gibt es viele Formen, die gute Botschaft zu beschreiben: Durch Jesus sind wir gerechtfertigt und gerettet. Wir sind Kinder Gottes und zu Gott heimgekehrt. Wir waren verloren, sind aber von Gott gefunden worden. Wir waren weit weg von Gott, sind ihm nun aber nahegekommen und dürfen ihn Vater nennen – sogar seinen Geist hat er uns gegeben. Wir kommen nicht in die Hölle, sondern in den Himmel, denn der Tod ist besiegt und wir haben ewiges Leben. Jesus hat Gerechtigkeit, Erlösung, Vergebung, ewiges Leben, Sieg über Sünde und Tod und Befreiung von der Finsternis erwirkt. Das alles kann man sich im Glauben zu eigen machen.[1] Welcher Aspekt ist dir momentan der wichtigste und warum bedeutet er dir so viel?

Mit anderen Worten: Jesus hat dafür gesorgt, dass alles, was zwischen uns und Gott steht, ausgeräumt wird und wir in eine lebendige Beziehung zu Gott gelangen können, die bis in alle Ewigkeit tragen wird. Deshalb ruft Paulus Juden wie Heiden zum Glauben an Jesus auf. Denn das Evangelium kann man sich nur aneignen, wenn man es annimmt. Wenn man Jesus, wie Johannes 1,12 es sagt, ins Herz aufnimmt und ihm vertraut. Das zu tun, ist ein aktiver Schritt.

Für Paulus ist klar, dass der Mensch durch Jesus »gerecht« wird. Gerecht werden meint: gut und richtig werden, in Ordnung kommen, erlöst werden. Die Gerechtigkeit, die Jesus schenkt, erlebt man, indem man sein Vertrauen auf ihn setzt, sodass man sagen kann: »Er hat mich von meinen Sünden befreit, er hat mich gerecht gemacht – davon bin ich felsenfest überzeugt.« Das ist das, was Paulus Glaubensgerechtigkeit nennt.

Man kann nun fragen, ob diese Idee eigentlich etwas Neues ist. Im Grunde nicht. Neu ist natürlich, dass die Gerechtigkeit durch Jesus erwirkt wurde. Dass die Gerechtigkeit aber eine Sache des Glaubens ist, sagt schon das Alte Testament. Von Abraham heißt es, er *glaubte dem Herrn und der Herr erklärte ihn wegen seines Glaubens für gerecht* (1. Mose 15,6). Und die bekannte Aussage *Der Gerechte aber wird durch seinen Glauben leben* hat Paulus vom Propheten Habakuk (Habakuk 2,4; LUT). Glaubensgerechtigkeit ist also kein christliches Konzept, sondern ein alttestamentlich-jüdisches. Die Logik: Wer Gott von Herzen vertraut, der wird auch tun, was Gott will, und sich so als gerechter Mensch erweisen.

Aber wird man im Judentum nicht durch Werke gerecht? Und ist das Judentum nicht eine Leistungsreligion? Das denken viele Christen. Aber so pauschal trifft dies nicht zu. Auch den Juden ist klar, dass sie unvollkommene Menschen sind, von der Gnade Gottes leben und sich seine Liebe nicht verdienen können. Dennoch ist die Frage nicht aus der Luft gegriffen. Paulus selbst ist ja ganz begeistert von seinem neuen Leben mit Jesus und bezeichnet das vorherige als *Dreck* (Philipper 3,8). Das ist eine steile Aussage und klingt ziemlich abwertend. Aber schau genau hin. Entscheidend ist der Vergleich. Paulus will sagen: »Die Gerechtigkeit, die ich nun durch Jesus habe, ist viel besser als die, die ich durch mein vorbildliches Leben im Judentum aus eigener Kraft erreicht habe. Deshalb setze ich nun ganz auf Jesus, ergreife seine Gerechtigkeit und fokussiere mich voll darauf.« Dahinter steht keine Verachtung des Judentums, sondern eine Distanzierung von dem falschen Selbstvertrauen, aus eigener Anstrengung gerecht werden zu können. Jesus macht gerecht. Deshalb erachtet Paulus all die eigenen Bemühungen, vor Gott gut dazustehen, als minderwertig (vgl. Philipper 3,4-10). Das kann man nachvollziehen, oder?

Bei Paulus kommen allerdings noch zwei Aspekte hinzu. Paulus ist nicht nur Jude, sondern Pharisäer. Und er ist nicht nur Pharisäer, sondern Spitzen-Pharisäer. Im Pharisäismus ist es tatsächlich so, dass die Gebote so sehr im Mittelpunkt stehen, dass die Gnade in den Hintergrund rückt. Das prägt Paulus. Innerhalb des pharisäischen Lebens wiederum ist Paulus absolute Spitze. Kaum einer lebt dieses Leben so konsequent wie er (Galater 1,14). Im bisherigen Denken des Paulus findet man mit Sicherheit Züge von Werkgerechtigkeit und Leistungsreligion. Das ist aber nicht

»das Judentum«, sondern die Zuspitzung des Paulus. Jedenfalls predigt Paulus nun die Gerechtigkeit des Glaubens und greift dabei wieder – wenn auch ganz anders – aufs Alte Testament zurück. Könnte es sein, dass Paulus durch den Glauben an Jesus zu dem zurückfindet, was das Alte Testament schon immer gesagt hat?

Tatsache ist, dass Paulus seinen Jesusglauben komplett auf das Alte Testament begründet. Denn was Jesus zu bedeuten hat, lässt sich nur aus der Heiligen Schrift erschließen. Eine Tatsache ist auch, dass das Judentum im Kern keine Werks- und Leistungsreligion ist, sondern nur von manchen dazu gemacht wird. Und eine letzte Tatsache ist, dass Paulus das gehorsame Einhalten der Gebote Gottes, den Thoragehorsam, weiterhin hochhält. Ist es nicht logisch, dass diejenigen, die durch Jesus von der Sünde befreit wurden, nun ein Leben im Willen Gottes leben? Und ist der Wille Gottes nicht in der Thora offenbart?

## Die Thora bei Paulus

Paulus wird oft so verstanden, dass der Glaube an Jesus vom sogenannten Gesetz (der jüdischen Thora) befreit. Dass Christen also nicht in der jüdischen Gesetzesreligion leben, sondern unter der Gnade. Gott hat nach dieser Theorie komplett das System gewechselt: vom Gesetz zur Gnade. Doch warum sollte er das tun? Die Lage ist eine andere. Denn das Judentum ist weder gesetzlich, noch ist das Christentum – richtig verstanden – gesetzlos. Das werden wir noch sehen.

Zunächst müssen wir uns aber klarmachen, was mit Thora/Gesetz überhaupt gemeint ist. Thora meint von der Wortbedeutung her Weisung Gottes. Maßgeblich im Judentum ist die Thora des

Mose, also die fünf Mosebücher, doch wird manchmal auch das ganze Alte Testament als Thora bezeichnet. Sachlich findet sich Thora überall, wo Gottes Wegweisung, wie man leben soll, zum Ausdruck kommt. Also zum Beispiel auch dann, wenn ein guter Freund dir den Kopf wäscht und dich wieder aufs richtige Gleis bringt. Wegweisung braucht der Mensch. Wenn Gott uns einfach uns selbst überlassen würde – das wäre fatal! Es ist also keineswegs so, dass die Thora durch die Gnade abgelöst worden wäre. Es gibt im Alten wie im Neuen Testament beides, sowohl Thora als auch Gnade. Auch das werden wir noch sehen. Und die Juden verstehen die Thora als Geschenk Gottes, also als Gnade! Eine interessante Perspektive, oder?

Gefördert wird diese verkehrte Denkweise durch Martin Luther, der die Thora in einseitiger Weise betrachtet. Das Gesetz, wie Luther es versteht, überführt den Menschen von seinen Sünden und nagelt ihn auf sie fest: »Du bist ein Mörder, Heuchler, Ehebrecher, Lügner! Wenn nicht in Taten, dann in Worten und Gedanken. Du bist ein Sünder!«

Das ist hart. Das Gesetz ist zugleich der Maßstab im Endgericht. Es verurteilt den Sünder zum ewigen Tod und führt direkten Weges in die Hölle. Das steht Luther Tag für Tag vor Augen und lässt ihn verzweifeln – bis er das Evangelium entdeckt. Die gute Nachricht ist: Davon – von Verurteilung und Verdammnis durch das Gesetz – sind wir durch Christus tatsächlich befreit (Römer 6–8)! Diese »vernichtende« Funktion des Gesetzes betrifft uns nicht mehr, da hat Luther recht. Doch ist das längst nicht alles, was über die Thora zu sagen ist. Und so wäre es falsch zu behaupten, wir seien generell von der Thora befreit, wie man es in christlichen Kreisen oft hört. Vielleicht magst du selbst einmal für dich in Worte fassen, was du über die Thora denkst, bevor du weiterliest.

**Paulus und Luther**

Zwischen Paulus und Luther gibt es einen großen Unterschied. Paulus ist ein »Vorzeigejude«, Luther ein verzweifelter Mönch. Durch das Gesetz erkennt Luther, dass er ein Sünder ist – ein Kind der Hölle. Dass das Gesetz verurteilt, sagt auch Paulus (Römer 7). Doch ist diese bedrohliche Funktion bei Paulus nur ein Aspekt unter vielen, während sie bei Luther zu einem herausstechenden Merkmal seiner gesamten Theologie wird. Luther sieht das Gesetz vor allem in dieser negativen Funktion. Das ist einer der Gründe, warum für viele Christen das Judentum bis heute der dunkle Hintergrund ist, auf dem das Evangelium hell strahlen kann. Mit dieser Haltung kann man sich zwar auf Luther berufen, nicht aber auf Paulus. Das sieht inzwischen auch die Forschung und versucht, Paulus weniger durch die lutherische Brille, sondern vielmehr als den zu sehen, der er ist: als frommen Juden.

Die Thora ist für Juden von jeher ein Ausdruck der Liebe Gottes. Sie bewahrt Israel davor, sich in all den Sünden der Heidenwelt zu verirren, und sie hilft, immer tiefer in den Willen Gottes hineinzufinden. Die Thora ist Gottes heiliger Wegweiser. Sie gibt (modern gesagt) Orientierung, Halt, Wurzeln und Identität. Deshalb empfinden es die Juden als Vorrecht, dass sie die Thora empfangen haben. Das kannst du in Psalm 119, dem längsten Kapitel der Bibel, nachlesen. Ein Zeichen für diese Einstellung ist das Fest *Simchat Tora* (Freude an der Thora), das die Juden jährlich feiern. Es ist also Unsinn zu meinen, Paulus wolle die Thora abschaffen. Das ist für ihn undenkbar.

Außerdem ist die Thora gar nicht das Problem. Die Sünde ist das Problem. Da muss man ansetzen (Römer 7,7-17)! Durch Jesus wird Paulus nämlich klar, dass die Thora das Problem der Sünde nicht löst. Man kann sich mit der Thora beschäftigen, so viel man will, die Sünde bleibt doch im Herzen. Jesus aber hat die Sünde überwunden – und das ist gute Nachricht! Insofern sind erst durch Jesus die Voraussetzungen geschaffen, die Thora richtig ausleben zu können.

## Gelebte Weisung Gottes

Die Thora ist für Paulus Gottes Wort und Weisung fürs Leben. Und es besteht für ihn auch kein Anlass, die Gültigkeit der Thora zu hinterfragen. Denn die Thora ist und bleibt für Paulus etwas Positives: Sie ist geistlich, sie ist *heilig, gerecht und gut* (Römer 7,12.14). Das sagt Paulus als Apostel Jesu. Ist das nicht interessant? Die Thora lehrt, wie man ein heiliges Leben führt, wie der Wille Gottes aussieht und wie man Gott ehrt. Je mehr die Thora gelebt wird, desto mehr wird Gott auf Erden sichtbar und desto mehr wachsen der Respekt und die Achtung vor den Mitmenschen, also die Liebe.

Paulus kann diesen Gedanken sogar zuspitzen und sagen, dass es die Liebe ist, die das Gesetz erfüllt (Römer 13,8; Galater 5,14). Ähnlich hat sich (im Rückgriff auf die Thora) schon Jesus geäußert und dafür Zustimmung geerntet (Matthäus 22,34-40; 5. Mose 6,5; 3. Mose 19,18). Wir haben es also mit einem durch und durch jüdischen Konzept zu tun und nicht mit einer christlichen Erfindung.

Man muss hier jedoch in zwei Richtungen lesen:

1. *Die Liebe* erfüllt das Gesetz. Ohne Liebe fehlt dem Gehorsam etwas Entscheidendes, das müssen die Pharisäer lernen.
2. Die Liebe erfüllt *das Gesetz.* Ohne Thora fehlt auch der Liebe etwas. Die Liebe ersetzt nicht ethische Maßstäbe, das müssen die Gläubigen aus den Völkern lernen.

Beides gilt, die Liebe und die Thora. Lass doch beide Perspektiven mal auf dich wirken und spüre, was das mit dir macht.

Paulus bringt den Nichtjuden beides bei: dass sie Jesus brauchen und wie sie die Thora in ihrem Alltag leben können. Dafür hat Paulus sogar ein Wort geprägt: Glaubensgehorsam. Glaube und Gehorsam gehören für Paulus zusammen. Denn echter Gehorsam entsteht nur aus Glauben und echter Glaube führt hin zum Gehorsam.

Paulus hat nun die Aufgabe, diesen Glaubensgehorsam unter den Völkern zu verbreiten (Römer 1,5; 16,26). Damit liegt er auf der Linie der Thora. Deshalb sagt er auch: *Wenn wir nun aber den Glauben so betonen, heben wir damit das Gesetz auf? Natürlich nicht! Sondern durch den Glauben bestätigen wir das Gesetz* (Römer 3,31). Für Paulus ist die Zeit angebrochen, von der in Jesaja 51,4 die Rede ist: *Merke auf mich, mein Volk, hört mich, meine Leute! Denn Weisung wird von mir ausgehen, und mein Recht will ich gar bald zum Licht der Völker machen.*

Für Paulus ist also das Dreieck Glaube, Liebe, Thora entscheidend. Die Thora ist in dieses Dreieck eingebunden. Denn Glaube und Liebe sind die wahren Triebkräfte, Gottes Willen zu tun. Und umgekehrt gilt: Der Glaube und die Liebe zeigen sich im Tun des Willens Gottes.

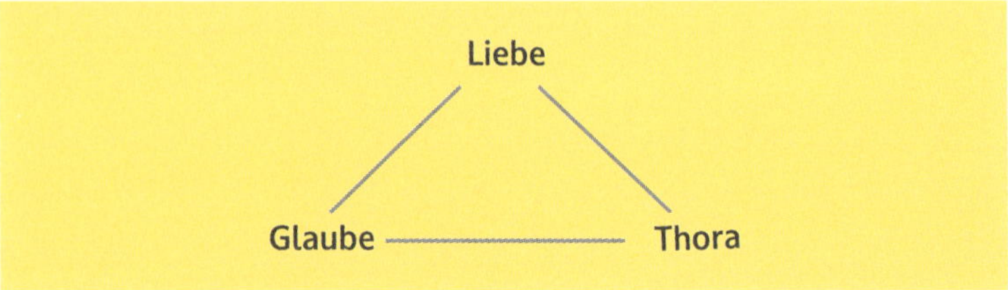


Paulus predigt das Evangelium in der ganzen damals bekannten Welt. Im Zuge dessen muss er auch lehren, wie ein Leben mit Gott aussieht. Er muss also die Thora in die neuen Kontexte hineintransportieren, sie im griechisch-römischen Raum anwenden und dort angemessen zur Geltung bringen. Das tut er überall, wo er in seinen Briefen aufzeigt, wie man leben soll. Also steht Paulus noch immer im Dienst der Thora, wenn auch auf ganz andere Weise. Wer durch den Glauben an Jesus in Glaubensgehorsam gefunden hat, der ist auf dem rechten Weg – auf dem Weg der Thora. Alle anderen werden im Endgericht scheitern: *Wenn die, die das geschriebene Gesetz Gottes nicht kannten, sündigen, wird Gott sie dennoch richten. Und wenn die, die das Gesetz kennen, sündigen, wird Gott sie nach dem Gesetz verurteilen* (Römer 2,12). Der Maßstab im Endgericht ist und bleibt die Thora. An ihr muss sich jeder messen lassen.

## Das Powerpack Gottes: Thora, Messias und Heiliger Geist

Nun ist aber eine Einschränkung zu machen und die wird dich erleichtern: Nicht alle Gebote gelten für die Gläubigen aus den Völkern, sondern nur die Gebote, die ethisch-moralischen Charakter haben, also unser Verhalten im Alltagsleben betreffen. In dieser Hinsicht kann man sich die Dinge am besten klarmachen, wenn man auf den Neuen Bund in Jeremia 31,31-34 zurückgreift. Dort verheißt Gott, dass er die Herzen der Juden eines Tages erneuern wird. Gott verspricht: *Ich werde ihr Denken mit meinem Gesetz füllen, und ich werde es in ihr Herz schreiben. Und ich werde ihr Gott sein und sie werden mein Volk sein* (Jeremia 31,33). Das plant Gott für Israel. Im Kapitel über die Bundesgeschichte haben wir das schon besprochen.

Dieser Neue Bund ist zugleich ein zentrales Thema des Neuen Testaments. Durch ihn haben auch Nichtjuden die Chance, neue Herzen zu bekommen. Durch Jesus wird der Neue Bund ins Leben gerufen (Lukas 22,20). Konkret umgesetzt wird er jedoch durch den Heiligen Geist (Hesekiel 36,26; 2. Korinther 3,6). Denn der Heilige Geist ist es, der die Herzen verändert. Wie gut, dass Jesus den Heiligen Geist geschickt hat! Wenn nun Menschen aus den Nationen zum Glauben an Jesus kommen, dann werden sie durch Jesus von der Sünde befreit, bekommen den Heiligen Geist und erleben, wie die Thora in ihre Herzen regelrecht eingraviert wird (Jeremia 31,33b). Auf diese Weise verwandelt Gottes Wille ihre Herzen mehr und mehr – und so entsteht Heiligung. Natürlich muss man von der Sünde Abstand nehmen und dem Geist Raum geben, das ist klar. Aber es ist die Kraft des Heiligen Geistes, die zum Sieg führt, nicht unsere eigene. Das kannst du erleben, wenn du dein Vertrauen auf den Heiligen Geist setzt und dann anfängst, entsprechend zu handeln.

Das heißt: Den messianischen, an Jesus glaubenden Juden wird durch den Heiligen Geist die Thora, an der sie immer wieder gescheitert waren, ins Herz gegeben. Dadurch wird sie ein Teil von ihnen. Das ist Erlösung. Doch auch den messiasgläubigen Heiden steht eine gewaltige Veränderung ins Haus. Ihnen wird nun plötzlich die Thora, die sie zuvor ja gar nicht kannten, gewissermaßen ins Herz implementiert, also eingebaut. Auch das ist Erlösung. So kann als Faustformel für den Glauben gelten:

1. Den messianischen Juden wird die Thora *ins Herz* geschrieben.
2. Den messianischen Heiden wird *die Thora* ins Herz geschrieben.

Durch den »Umweg« über Jesus kommt die Thora also doch noch zum Ziel. Nämlich zu dem Ziel, dass sie umgesetzt wird und Gehorsam wirkt. Jesus und die Thora dienen sich gegenseitig. Die Thora führt auf Jesus hin (Römer 10,4; Galater 3,24) und Jesus verhilft der Thora zum Durchbruch im Leben der Gläubigen (Römer 8,4).

Damit haben wir ein weiteres Dreieck vor Augen, das für Paulus grundlegend ist: den Messias Gottes, den Geist Gottes und die Thora Gottes. Diese drei stimmen überein, denn Gott widerspricht sich nicht. Der Messias Jesus ist das Fundament, denn er bringt die Erlösung von der Sünde. Der Heilige Geist erneuert die Menschen von innen heraus. Das tut er, indem er die Thora in die Herzen implementiert. Das Ergebnis sind neue Menschen mit neuen Herzen.

Glaubt man dies, lesen sich die Gebote plötzlich völlig anders, denn sie sind keine Forderungen mehr, sondern Verheißungen. Wenn es zum Beispiel heißt *Du sollst nicht stehlen*, dann liest man im Glauben an Jesus und mit dem Heiligen Geist zusammen: »Vom Stehlen bist du befreit, das kannst du nun lassen, das passt nicht mehr zu dir.«

Es genügt also nicht, sich auf Jesus bzw. den Heiligen Geist zu berufen, die Thora aber außen vor zu lassen. Sie ist es, die konkret ins Leben spricht und genau die Änderungen anmahnt, die Jesus ermöglicht und der Heilige Geist bewirken will.

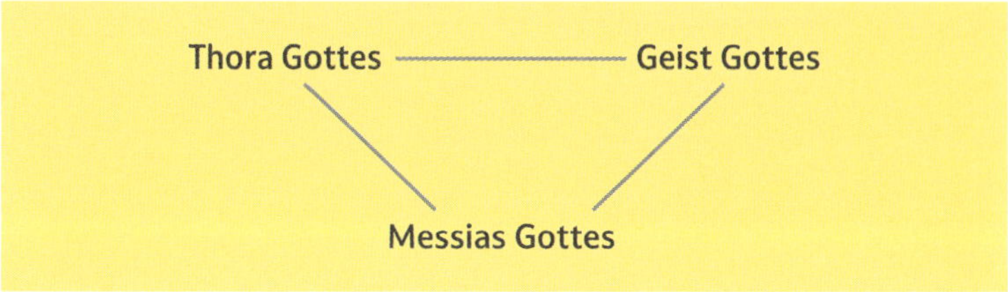


An dieser Stelle vergibt sich die heutige Christenheit eine Menge – und da schließe ich mich selbst mit ein. Während die Juden konsequent »Thora lernen«, meinen wir Christen, das nicht nötig zu haben. Wir würden Gott jedoch ganz anders repräsentieren, wenn wir – auf der Grundlage unseres Glaubens – uns mit der Thora so gründlich auseinandersetzen würden, wie die Juden es tun. Durch die Thora kommt zum Beispiel Erkenntnis der Sünde (Römer 7,8). Die brauchen wir, um im Glauben voranzukommen und siegreich zu sein. Am Ende des Tages sieht man an unserem Lebenswandel, ob und inwieweit die Thora durch den Heiligen Geist zur Substanz unserer Herzen geworden ist (Römer 2,15).

Das Dreieck Jesus, Heiliger Geist, Thora ist ein Konzept, mit dem man sich sehen lassen kann. Es ist von universaler Bedeutung. Es löst die Probleme von Juden wie von Nichtjuden, weil dadurch Gottes Führung ins Leben kommt. Auf diese Weise geschieht endlich der Wille Gottes. Mehr und mehr. Das ist gute Nachricht!

Lass uns nun die Konsequenzen ziehen: Paulus ist nicht der Begründer einer neuen Religion, sondern erkennt als frommer Jude, dass Jesus der Messias ist und den Heiligen Geist ausgegossen hat. Dadurch steht die Thora in einem neuen Bezugssystem. Messias Gottes, Geist Gottes und Thora Gottes bilden eine Einheit. Doch sowohl dieses Bezugssystem als auch die Thora sind jüdisch. Hier irrte die Christenheit, die Paulus als Gründer des Christentums gefeiert und dem Judentum gegenübergestellt hat. Paulus ist gläubiger Jude und sein Denken ist durch und durch jüdisch. Daran ändert sich nichts. Allerdings hat er eine einzigartige Mission: Er soll die Völker mit dem Evangelium erreichen und in den Glaubensgehorsam führen. Das ist sein Job und den erfüllt er mit ganzer Hingabe.

## Wie es weitergeht

Für Paulus ist es von großem Vorteil, dass er ein entsprechendes Erbe hat. Paulus ist nicht in Israel aufgewachsen, sondern im griechisch-römischen Umfeld. In dieses Umfeld wird er nun wieder neu gesandt. Paulus hat als Pharisäer einen ungeheuren Eifer für Gott, seine Thora und die Ordnungen der Väter. Dieser Eifer wird nun mit dem Evangelium verbunden und in den Dienst Jesu gestellt. Paulus bleibt Paulus. Und doch ist der Pharisäer Paulus in Christus ein anderer als ohne Jesus. Das ist klar.

Als vor Damaskus Jesus in sein Leben tritt, der Messias, der König Israels, wird Jesus sein Chef. Deshalb muss Paulus ihm folgen. Und das tut er auch. Paulus verbreitet das Evangelium in weiten Teilen der damals bekannten Welt. Dabei erlebt er viel Widerstand, Verfolgung und Schmerz (2. Korinther 11). Neben all den Schwierigkeiten plagt ihn die Sorge um seine Gemeinden. Werden sie auf dem Kurs des Evangeliums bleiben? Werden sie ihre Identität in Christus ergreifen und leben?

# Gemeinsam in die Zukunft

3. Teil

# Die Botschaft breitet sich aus: Das Evangelium in der Heidenwelt

Paulus hat den Auftrag, das Evangelium vom Messias Jesus zu den Völkern zu tragen – und damit über die Grenzen Israels hinaus. Das ist seine Mission. Viele Menschen kommen durch ihn zum Glauben an Jesus. Paulus sammelt die Messiasgläubigen und vereint sie in Gemeinden. In diesen Gemeinden befinden sich an Jesus glaubende Juden und Nichtjuden, die Heiden. Gott wird aus ihnen gemeinsam eines Tages den »neuen Menschen« schaffen (Epheser 2,15), also eine neue Menschheit. Das ist Gottes Mega-Projekt und Paulus ist berufen, den Anfang zu machen.

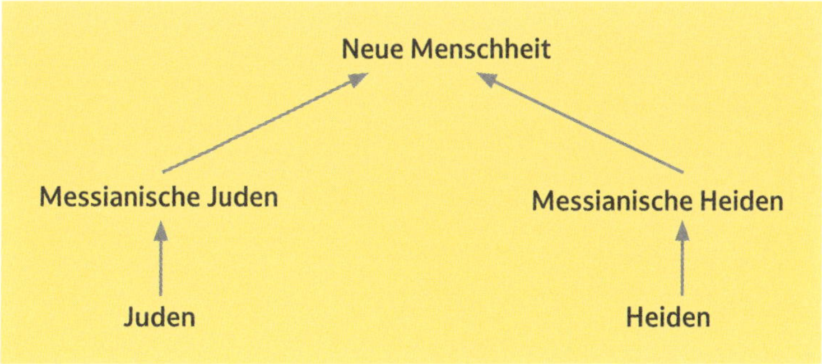

Was so toll klingt, ist in der Praxis allerdings ein Problem. Denn eigentlich haben die Juden mit den Heiden nichts am Hut. Ihre jüdische Lebensweise ist von jeher darauf ausgelegt, sich von den Völkern fernzuhalten – um exklusiv für Gott leben zu können. Das ist über Jahrhunderte eintrainiert. Nun kommen diejenigen, die bisher als unrein galten, dazu (Apostelgeschichte 10). Das heißt: In den neuen Gemeinden kommen Juden und Heiden plötzlich zusammen. Dass das gar nicht so einfach ist, kannst du dir sicher vorstellen. Die Frage ist nun, wie das Zusammenleben in den Gemeinden funktionieren kann.

In diesem Zusammenhang kämpft Paulus an zwei Fronten. Zuerst setzt er sich mit aller Kraft dafür ein, dass die Nichtjuden, die Christen geworden sind, sich nicht beschneiden lassen und damit Juden werden müssen. Diesen Kampf gewinnt er. Das hat Auswirkungen bis zum heutigen Tag. Wäre die Entscheidung damals anders ausgefallen, dann müssten alle, die zum Glauben an Jesus kommen, Juden werden und jüdisch leben. Auch du und ich.

Später muss Paulus feststellen, dass genau diese Menschen, die sogenannten Heidenchristen, anfangen, das Judentum zu verachten. Dagegen geht er entschieden vor. Doch diesen Kampf verliert er. Zumindest langfristig. Verachtung des Judentums wird nach ihm zu einer traurigen Konstante der Kirchengeschichte werden. Das Ergebnis sehen wir heute. Christen haben in aller Regel ein Jesus-Bewusstsein, aber kein Wurzel-Bewusstsein. Viele haben nicht vor Augen, was es heißt, dass die Wurzeln ihres Glaubens im Judentum bzw. im alten Israel liegen und bis zu Abraham zurückreichen. Wenn sie zurückdenken, kommen sie nur bis zu Jesus und nicht bis zu diesen Wurzeln.

Der erste Kampf des Paulus führt uns zu Apostelgeschichte 15, zum sogenannten Apostelkonzil, also einem Treffen mit den Aposteln und Ältesten der Urgemeinde. Diesen Kampf führt er mit messianischen Juden, die die Beschneidung der Heidenchristen fordern. Der zweite Kampf leitet uns zu Römer 11, dem Ölbaumgleichnis. Ihn führt er mit Heidenchristen, die anfangen, die Juden zu verachten. Beide Texte sind von kaum zu überschätzender Bedeutung. Deshalb lade ich dich ein, deine Bibel neben dieses Buch zu legen und parallel dazu die Texte zu studieren. In beiden Texten geht es um das Selbstverständnis der Heidenchristen. Deshalb betrifft uns das Thema bis heute. Es geht darum, wer wir sind. Es geht um unsere Identität.

## Beschneidung ja oder nein?

Wir befinden uns im fünfzehnten Kapitel der Apostelgeschichte, Paulus ist in Antiochia. Diese bedeutende Stadt liegt am nordöstlichen Zipfel des Mittelmeers, ca. siebenhundert Kilometer von Jerusalem entfernt – das heutige Antakya. In Antiochia gibt es eine große Gemeinde. Sie ist die Basis für die Missionsreisen des Apostels.

In Antiochia bekehren sich viele Heiden zu Jesus. Das wird in Israel wach wahrgenommen. Einige Juden, die zum Glauben an Jesus gekommen sind, machen sich auf und reisen hin. Ihre Botschaft: *Wenn ihr den jüdischen Brauch der Beschneidung nach der Lehre des Mose nicht einhaltet, könnt ihr nicht gerettet werden* (Apostelgeschichte 15,1). Das ist starker Tobak und löst heftige Diskussionen aus. Kann man so die neuen Gläubigen unter Druck setzen? Und stimmt das überhaupt? Das muss geklärt werden. Deshalb wird eine Abordnung nach Jerusalem geschickt, darunter Paulus und Barnabas, um diese Frage mit den Aposteln und Ältesten zu besprechen. Denn sie sind die maßgeblichen Autoritäten. Dabei geht es um eine Grundsatzentscheidung, die erhebliche Auswirkungen hat. Wenn sich die Heidenchristen beschneiden lassen, dann werden sie Juden und müssen die jüdische Lebensweise voll umsetzen (Galatter 5,3). Auch die Speise- und Reinheitsgebote und all die Regelungen, die im Laufe der Zeit dazugekommen sind. Wenn die Heidenchristen sich jedoch nicht beschneiden lassen, dann entfällt die Forderung, jüdisch zu leben. Es genügt dann, wenn die Gebote umgesetzt werden, die Ethik und Moral betreffen, allen voran die Zehn Gebote, wenn wir also nicht mehr *sündigen* (Römer 8,3+4). Auf diese Weise wäre ein heiliges Leben, das Gott ehrt, möglich. Mitten im heidnischen Kontext, wo es ethisch drunter und drüber geht. Uns heute ist dieses Konzept geläufig, damals aber war es neu und eine echte Errungenschaft.

Die Frage ist also: Ist es notwendig und richtig, dass die Heidenchristen Juden werden? Insgesamt war das Geschehen rund um diese Versammlung, das Apostelkonzil, vermutlich komplizierter, als Lukas es in der Apostelgeschichte darstellt. Ich denke aber, dass Lukas das Wesentliche gut zusammenfasst. Demnach tun sich in dieser Frage zwei Fronten auf. Die einen sagen, dass nur Israel Gottes Volk ist. Also muss man Jude werden, wenn man mit Gott leben und ihm dienen will. Die Tür steht offen, man muss sich nur beschneiden lassen und dann jüdisch leben. Diesen Standpunkt vertritt zunächst eine Gruppe um Jakobus. Die anderen sagen, dass Gott in der messianischen Zeit eine neue Menschheit aus Juden und Heiden formen wird. Unter dem Messias werden beide zusammenfinden. Die Grenzen und Trennungslinien verschwinden – dies ist ein Kennzeichen der messianischen Zeit (Jesaja 2,2-4; Römer 15,1-12) Was für alle bleibt, ist im Alltag den Willen Gottes zu tun (Römer 12,1+2). Diese Meinung vertritt eine Gruppe um Paulus. Beide Standpunkte haben ihre Logik.

Entscheidend ist: Es geht nicht darum, ob messianische Juden ihre Söhne weiterhin beschneiden. Das ist selbstverständlich. Die Frage ist, ob Heidenchristen beschnitten werden sollen. Darum geht es in diesem Streit. Paulus hat in dieser Frage wenig inneren

Spielraum. Für ihn steht die *Wahrheit des Evangeliums* auf dem Spiel (Galater 2,5; LUT). Wie aber ist das gemeint?

Um diese Frage zu beantworten, müssen wir nochmals kurz an den Anfang zurück. Paulus hat in der Begegnung mit Jesus vor Damaskus die Erkenntnis gemacht, dass auch das penible Einhalten der Thora nicht erlöst. Der Mensch ist und bleibt Sünder. Deshalb werden im Endgericht alle scheitern – die Heiden ohnehin, aber auch die Juden (Römer 1–3). Erlösen kann nur der Messias Jesus. Wer an ihn glaubt, ist gerecht und wird die Ewigkeit mit Gott verbringen. Diese Wahrheit steht für Paulus auf dem Spiel, wenn man die jungen Messiasgläubigen aus den Völkern zwingt, sich beschneiden zu lassen. Man signalisiert ihnen damit, dass ihr Glaube an Jesus nicht genügt. Das aber wäre fatal! Aus diesem Grund sind die Tage in Jerusalem für Paulus enorm spannungsreich.

## Diskussion in Jerusalem

Auch in Jerusalem wird jene Frage zunächst stürmisch diskutiert. Stell dir die Szene mal vor: ein Dutzend gestandene Juden, die die Thora einhalten, für Jesus brennen und in dieser zentralen Frage völlig konträre Meinungen haben. Wie wird das ausgehen? Spaltet sich die Jesusbewegung, bevor sie richtig begonnen hat?

Schließlich steht Petrus auf und meldet sich zu Wort (Apostelgeschichte 15,7). Er erinnert daran, dass er es war, durch den die ersten Heiden zum Glauben gekommen sind. Das war im Haus des Kornelius. Während der Predigt fiel aus heiterem Himmel der Heilige Geist – auf die Heiden! Für Petrus war das wie eine Gottesentscheidung: Wenn Gott den Heiden den Heiligen Geist gibt, dann muss man sie auch taufen und Jesus unterstellen. Direkt vom Fleck weg, ohne Beschneidung (Apostelgeschichte 10). Warum sollte man jetzt – sozusagen nachträglich – die Beschneidung der Heidenchristen wieder einführen, wo sie doch mit Jesus und dem Heiligen Geist alles haben, was sie für ein Leben mit Gott brauchen? Das leuchtet Petrus nicht ein. Für ihn ist ganz klar, dass Juden und Heiden auf dieselbe Weise gerettet werden und das ewige Leben bekommen, nämlich durch den Glauben an Jesus. Jesus rettet, ob Beschnittene oder Unbeschnittene, da ist Petrus ganz bei Paulus (vgl. 1. Korinther 7,18-19). Das heißt: Auch Petrus spricht sich gegen die Beschneidung der Heidenchristen aus.

Darauf reagiert nun wiederum Jakobus (Apostelgeschichte 15,13). Jakobus ist der leibliche Bruder Jesu und eher ein Traditionalist. Im Grundsatz akzeptiert er, was Petrus sagt. Aber so einfach geht es seiner Meinung nach dann doch nicht. Man soll aber – das sieht Jakobus genauso – die Heidenchristen nicht unnötig beschweren. Denn jüdisch zu leben ist in einem heidnischen Kontext viel schwerer als in einem jüdischen. Das ist Jakobus klar. Auf der anderen Seite gibt es in den jungen Gemeinden messianische Juden. Sie leben bewusst jüdisch, wie sie es von Kindesbeinen an gewöhnt sind, und das muss auch weiterhin möglich sein. Deshalb hat Jakobus einen weisen Rat: Die Heidenchristen sollen die Regeln einhalten, die für die messianischen Juden von besonderer Bedeutung sind. Das sind nicht viele und genügt für den Anfang. Jakobus entnimmt sie der Schrift, sie stammen aus 3. Mose 17–18. Was dort steht, fasst Jakobus zusammen:

- Auf keinen Fall dürfen Heidenchristen in Götzentempeln unterwegs sein und Feste der Götzen feiern. Mit Gott leben heißt, um alles, was mit Götzendienst zu tun hat, einen großen Bogen zu machen. Das ist zu jener Zeit nicht so einfach, denn in den Tempeln spielt sich das soziale Leben ab.

- Sex ist nur mit dem eigenen Ehepartner erlaubt. Nicht mit anderen und schon gar nicht mit Angehörigen des eigenen Geschlechts oder gar mit Tieren, wie man es bei Heiden findet. Wer mit Gott unterwegs ist, muss ein sexuell sauberes Leben führen.
- Heidenchristen dürfen kein Fleisch von Tieren essen, die nicht geschächtet wurden. Denn darin ist noch Blut. Blut aber ist ein großes Tabu im Judentum. Keines der Speise- und Reinheitsgesetze ist so wichtig wie das Verbot von Blutgenuss.

Interessant ist, dass diese Regeln in 3. Mose 17–18 nicht nur den Juden gelten, sondern schon damals ausdrücklich auch den *Fremdlingen* unter ihnen. Also den Ausländern, den Nicht-Juden. Daran erkennt man die große Bedeutung dieser Regeln. Man sieht aber auch, dass den Fremdlingen nur ein kleiner Bestand der üblichen Regelungen abverlangt wird. Daran knüpft Jakobus an und überträgt dies auf die aktuelle Situation. Sein Ansatz ist also nicht seine eigene Idee, sondern stammt aus der Schrift. Das dürfte ein Grund sein, warum er so überzeugend ist.

Ein weiterer Grund ist, dass so das Zusammenleben in den jungen Gemeinden überhaupt erst gelingen kann. Anders wäre dies kaum möglich. Wenn Heidenchristen in Götzentempel gehen, es mit der Sexualethik nicht so genau nehmen und bluthaltiges Fleisch essen würden, wäre das für die messianischen Juden so abstoßend, dass eine Gemeinschaft nicht möglich wäre. An gemeinsame Mahlzeiten oder Gottesdienste wäre nicht zu denken und so wäre das Projekt, eine neue Menschheit aus Juden und Heiden zu schaffen, empfindlich gestört!

Diese wenigen Regeln sind die wirklich *notwendigen Dinge* (Apostelgeschichte 15,28; LUT), nicht zuletzt, weil sie in der Heidenwelt besonders verbreitet sind. Darin sind sich alle einig. Jakobus erreicht mit seinem kleinen Regelwerk, dass zu Beginn ein gemeinsamer Weg gefunden wird. Sein weiser und schriftgemäßer Rat überzeugt (Apostelgeschichte 15,22). Die beiden Gremien aus Jerusalem und Antiochia, die gerade noch herzhaft gestritten haben, erkennen darin gemeinsam die Führung des Heiligen Geistes.

Ein Schreiben wird aufgesetzt, das die Delegation aus Antiochia nach Hause mitnimmt. Darin wird der neue Konsens verkündet. Dieses Schreiben wird in Antiochia mit Freude und Dankbarkeit aufgenommen. Die junge Jesusbewegung hat eine erste Bewährungs-, ja Zerreißprobe bestanden. Die Heidenchristen müssen sich nicht beschneiden lassen. Sie dürfen ihr gewohntes Leben fortführen. Allerdings nicht so, wie die Heiden es tun! Sondern so, dass es Gott ehrt und ein Zeugnis für den Messias Jesus ist. Sie sollen sich an die gemeinsamen Vereinbarungen halten, aber natürlich vor allem das Sündigen generell lassen und für Gott leben (Römer 6,11). Damit haben sie noch genug zu tun.

Für die Heidenchristen ist das Schreiben aus Jerusalem entlastend. Zugleich ist ihnen klar, dass es ein Privileg ist, Zugang zum Gott Israels zu haben und zum Volk Gottes dazustoßen zu dürfen. Der Bezug zu Israel ist also von Anfang an eine entscheidende Größe im Selbstverständnis der Heidenchristen.

Doch die Zeit geht ins Land und die Verhältnisse verschieben sich. Immer mehr Heiden kommen zum Glauben. Die messianischen Juden werden zur Minderheit und spielen am Ende keine Rolle mehr. Die Stimmung kippt. Erste Stimmen werden laut, dass Gott mit Israel Schluss gemacht habe und nun mit den Heidenchristen weitermache (vgl. Römer 11,11.19). Der Messiasglauben scheint eine eigenständige Religion zu werden, die sich zusehends von ihren Wurzeln löst, der Israelbezug der Heidenchristen droht verloren zu gehen. Paulus sieht, dass hier etwas schiefläuft. Also zieht er noch einmal in den Kampf. Nun aber gegen Heidenchristen, die sich von Israel »emanzipiert« haben. Davon lesen wir in Römer 11,16-24. Was Paulus dort schreibt, ist heute hochaktuell. Denn die Gemeinde Jesu ist genau den Weg gegangen, den Paulus verhindern wollte.

**Die Gebote und Verbote der Thora**

Die Regelungen der Thora kann man grob in drei Typen einteilen. Da sind zunächst die Speise- und Reinheitsgebote. Bestimmte Speisen sind tabu und rituelle Tauchbäder und Waschungen sind vorgeschrieben. Dann gibt es eine große Zahl an rechtlichen Regelungen für das Zusammenleben im Land Israel. Das ist ähnlich wie unser Bürgerliches Gesetzbuch heute. Zuletzt gibt es die Regeln, die eine ethische Qualität haben. Sie betreffen die Moral, den Charakter und den täglichen Lebenswandel. Mit der Entscheidung in Jerusalem gegen die Beschneidung entfallen im Grunde die ersten beiden Gebotstypen für die gläubigen Heiden. Die ethischen Regeln der Thora sind dagegen auch für sie umzusetzen. Denn Jesus macht frei von der Sünde und Gottes Geist hilft, den Willen Gottes zu tun (Römer 8,3+4).

## Das Gleichnis vom Ölbaum

Zur Illustration seiner Lehre wählt Paulus das Bild vom Ölbaum. Jeder damals kennt Ölbäume. Sie gehören in der Antike zum Alltagsbild. Ölbäume sind nicht besonders groß. Viele sind bis zum Beginn der Krone nur mannshoch und auch die Zweige wachsen nicht sonderlich in die Höhe. Ölbäume haben einen Wurzelstock und Zweige. Bei älteren Exemplaren fehlt oft der Stamm. Es hat den

Anschein, als würde das Wurzelwerk aus dem Boden herauswachsen und unmittelbar zu den Zweigen führen. Das wirkt häufig eher strauchartig. Deshalb ist es bei Ölbäumen leicht, Zweige auszubrechen oder einzupfropfen. Damit sind wir beim Vergleichspunkt (Römer 11,17a): Juden, die nicht an den Messias Jesus glauben, werden aus dem Ölbaum Gottes *herausgebrochen*. Hingegen werden Heiden, die zum Glauben an Jesus kommen, in den Ölbaum *eingepfropft*. Von diesem Ausgangspunkt entwickelt Paulus seine Argumentation.

Zunächst einmal ist es für die Heidenchristen ein großes Geschenk, dass sie Teil des Ölbaums werden. Das erklärt Paulus ihnen direkt: *Nun erhältst du ebenfalls Kraft aus der Wurzel des Ölbaums und nährst dich von seinem Saft* (Römer 11,17b). Vorher waren sie Zweige in wilden Ölbäumen. Damit ist ihr heidnischer Hintergrund gemeint. Sie lebten in den Sünden ihres Umfelds, nahmen seelisch, geistig und geistlich auf, was aus diesem Hintergrund kam, lebten ohne Gott und brachten entsprechende Frucht. Im Bild gesprochen: mickrige, ranzige und bittere Oliven, die keiner will.

Durch den Glauben an Jesus werden die Heidenchristen in Gottes guten Ölbaum eingepfropft, also sozusagen an Gottes Versorgungssystem angebunden (Römer 11,24). Auf diese Weise können Zweige, die wenig oder schlechte Frucht bringen, sich entwickeln. Sie werden angeschlossen an den Saft des guten Ölbaums, blühen auf und tragen köstliche Oliven. Das ist der Zweck der Sache.

So wie die wilden Ölbäume für den heidnischen Hintergrund stehen, so steht im Hintergrund des guten Ölbaums Gott. Der Gott, der mit Israel Geschichte schreibt. Die Wurzel ist Abraham und die große Verheißung an ihn (1. Mose 12,1-3). Der Saft ist alles, was von Gott kommt: Gottes Wort, die Verheißungen, die Thora, die Erwählung und die Bündnisse, später der Messias, der Heilige Geist, die Apostel, das neue Testament u. a. m. Alles kommt von und durch

Israel. Das betont auch Jesus, wenn er sagt: Das *Heil kommt von den Juden* (Johannes 4,22; LUT). Die Zweige sind die Juden. Die Bruch- und Pfropfstelle ist Jesus bzw. der Neue Bund, den er bringt. Ab Jesus fließt der Saft aus der Wurzel durch Jesus zu den Zweigen.

Da jedoch viele Juden Jesus nicht annehmen, werden sie aus diesem Ölbaum herausgebrochen und zur Seite gelegt. Unter den Heiden fasst das Evangelium dagegen Fuß. Also werden nun Heiden (Heidenchristen) in den Ölbaum eingepfropft und gehören plötzlich dazu. Allerdings gibt es auch Juden, die zum Glauben an Jesus kommen. Sie dürfen natürlich im Ölbaum bleiben. Denn die Juden als natürliche Zweige gehören ja eigentlich ohnehin dazu. Dass Juden ausgebrochen werden, ist tragisch – und im Grunde widernatürlich. Dass aber Heiden eingepfropft werden, ist für sie eine Wohltat – und ebenso widernatürlich. Genau diese Spannungsfelder will Paulus vermitteln. Messianische Juden und Heidenchristen sind nun also gemeinsam Zweige am selben Baum.

## Überheblichkeit der Eingepfropften

Allerdings läuft an diesem Punkt nun etwas gründlich schief. Denn die Heidenchristen meinen, dicke Backen machen zu können, weil sie eingepfropft, viele Juden aber herausgebrochen werden. Stolz, Hochmut und Verachtung machen sich unter Heidenchristen gegenüber Juden breit. Für Paulus ist das unerträglich. Zunächst macht er den Heidenchristen klar, dass sie nur Zweige sind. Sie werden von der Wurzel getragen und leben von ihr. Sie sind abhängig von dem Baum, den es schon vor ihnen gab, und von Gott, der sie einpfropft. In diesem Baum sind die Juden die ursprünglichen Zweige, nicht sie. Es gibt also nicht den geringsten Grund, aufgeblasen daherzukommen (Römer 11,18).

Dagegen könnte ein Heidenchrist einwenden, dass Gott Juden aus dem Ölbaum herausgebrochen hat, um Platz für ihn zu schaffen (Römer 11,19). Paulus stimmt dem zu, korrigiert aber zugleich: Die Zweige werden nicht herausgebrochen, um Platz zu machen, sondern weil sie Jesus gegenüber im Unglauben verharren. Die neuen Zweige hingegen werden nicht eingepfropft, weil nun Platz ist, sondern weil sie an Jesus glauben. Wer an Jesus glaubt, bekommt Anteil am Saft der Wurzel, denn dieser Saft fließt nun durch Jesus. Wer Jesus aber nicht haben will, der verliert den Anschluss an die Wurzel. Das Kriterium ist die Einstellung Jesus gegenüber und da macht es keinen Unterschied, ob jemand Jude oder Heide ist.

Du siehst vielleicht, dass schon hier das Denken, das später zu christlicher Judenfeindschaft, zu Arroganz und Ablehnung führen wird, seinen Anfang nimmt. Der Grundgedanke der sogenannten Ersatztheologie, dass Gott die Juden verwirft, damit er mit den Christen weitermachen kann, ist in der Gemeinde in Rom bereits angelegt. Dieser Grundgedanke wird später fast schon zu einem Leitprinzip der Christenheit – mit all den schrecklichen Folgen für die Juden. Vielleicht ahnt Paulus bereits, wohin das führen kann.

Statt stolz zu werden, sollten Heidenchristen besser Furcht haben. Im Originalton sagt Paulus:

> »Sei also nicht stolz, sondern fürchte dich davor, dass es dir ebenso ergehen könnte!« Denn wenn Gott die ursprünglichen Zweige nicht verschonte, wird er auch euch nicht verschonen. Erkenne doch, wie Gott zugleich gütig und streng ist. Mit Strenge begegnet er den Ungehorsamen, während er dir seine Güte erweist, wenn du weiterhin auf diese Güte vertraust. Andernfalls wirst auch du abgehauen werden.
> *Römer 11,20a-22*

Das sitzt. Sinngemäß sagt Paulus also: »Du siehst ja, wie Gott mit denen verfährt, die sich Jesus gegenüber sperren. Also pass besser auf, dass du im Glauben an Jesus dranbleibst. Sonst erwischt es dich auch.« Klare Ansage. Sei nicht stolz, sondern hab besser die Hosen voll.

Interessant ist nun, dass die Geschichte mit den ausgebrochenen Zweigen noch nicht zu Ende ist. Paulus sagt nämlich, dass die Juden, wenn sie später doch noch zum Glauben an Jesus kommen, wieder eingepfropft werden können. Schließlich sind sie die Zweige, die natürlicherweise zu diesem Baum gehören. Das gibt Hoffnung für das jüdische Volk (Römer 11,23.24).

Für den Augenblick aber sollen die Heidenchristen auf sich selbst achten, ob sie auch klar im Glauben stehen. Denn Gott hat sie eingepfropft, damit sie durch den Saft der Wurzel Frucht bringen. Gute Frucht. Damit ist gemeint: gute statt schlechte Werke tun, Liebe verbreiten statt Hass, auferbauende Worte reden statt negative, gerne geben, statt immer nur zu nehmen. Es geht letztlich darum, Jesus im eigenen Charakter widerzuspiegeln, ihn im Alltagsleben zu repräsentieren und die Werte der Thora hochzuhalten. Wenn wir das tun – auch im Kontakt mit den Juden –, können Juden erkennen, dass die Sache mit Jesus echt ist. Damit wäre schon viel gewonnen.

## Wie es weitergeht

Das Apostelkonzil ist Geschichte. Heute gibt es kaum mehr Gemeinden, in denen messianische Juden zu finden sind, die konsequent jüdisch leben. Inzwischen haben sich sogar schon in der jüdisch-messianischen Bewegung zwei Lager gebildet. Etwas holzschnittartig kann man sagen: Die einen leben jüdisch, verbinden dies aber mit dem Glauben an Jesus. Die anderen glauben an Jesus und leben wie Heidenchristen. Beides gibt es.

Der Glaube an Jesus ist inzwischen zu einem Phänomen in der Völkerwelt geworden und hat den jüdischen Hintergrund weitgehend hinter sich gelassen. Das Christentum hat sich zu einer eigenen Religion entwickelt und gehört – neben Judentum und Islam – zu den drei monotheistischen Weltreligionen. Das hat sich Gott sicher anders vorgestellt. Mit rund zweieinhalb Milliarden hat das Christentum weltweit die meisten Anhänger. Dem stehen etwa fünfzehn Millionen Juden gegenüber. Davon glaubt vielleicht ein Prozent an Jesus, das sind hundertfünfzigtausend. Sie sammeln sich meist in eigenen Gemeinden oder Gruppen. Was bleibt, ist die gemeinsame Perspektive. Eines Tages werden die Messiasgläubigen aus Juden und Heiden eine einzige Herde unter dem einen Hirten Jesus bilden: die neue Menschheit (vgl. Johannes 10,16).

Wir Christen sind Quereinsteiger in einer gigantischen Geschichte, die wir aber kaum mehr wahrnehmen, weil wir nur Jesus und uns selbst sehen. Das ist, wie wenn ein Zug von Paris nach Moskau fährt, du aber nur von Frankfurt Hauptbahnhof bis Frankfurt Hauptwache mitfährst. Schau das große Ganze an, es lohnt sich! Wir Christen leben aus der Wurzel Israels. Aus dieser Wurzel kommen die Verheißungen Gottes, das Wort Gottes, die Thora, der Messias, die Apostellehre und der Heilige Geist. All das gehört zusammen und bildet eine Einheit, nämlich den genannten Ölbaum. Von daher ist es meiner Meinung nach erstrebenswert, wieder neu ein Wurzelbewusstsein zu entwickeln und ggf. unsere Haltung den Juden gegenüber zu korrigieren.

Man kann natürlich auch auf der anderen Seite vom Pferd fallen. Manche Israelfreunde tun so, als ob es das Apostelkonzil nie gegeben hätte. Sie wollen nicht nur den Zugang zur Wurzel wiedergewinnen, sondern fangen an, jüdisch zu leben. Manchen gerät dabei sogar Jesus aus dem Blick. Wir sind aber keine Juden, sondern Gläubige aus den Nationen. Wir sind Heidenchristen und bleiben das auch. Das wurde auf dem Apostelkonzil ein für alle Mal entschieden. Gerade als Gläubige aus den Völkern sind wir aber eingepfropft und leben vom Saft der Wurzel. Wir glauben an den einen Gott, der uns durch Jesus in die Heilsgeschichte mithineingenommen hat, die er mit Israel schreibt. Das heißt: Es gibt die Gemeinde Jesu nicht ohne Israel. Beide gehören zusammen. Das ist der entscheidende Punkt.

Was aber ist mit den ausgebrochenen Zweigen Israels? Haben die Ersatztheologen am Ende doch recht, dass Gott mit Israel Schluss gemacht hat, oder hat Gott gar einen geheimen Plan für sein Volk? Diese Fragen hat sich Paulus auch gestellt. Die Antwort hat er nicht gegeben, sondern entfaltet. In einem langen, gewundenen Gedankengang: Römer 9–11.

Dieser Gedankengang ist ein wichtiger Dreh- und Angelpunkt in der Beziehung zwischen Gott und seinem Volk. Er soll uns im nächsten Kapitel im Detail beschäftigen.

# Hat Gott sein Volk verstoßen? Warum Israel Zukunft hat

Paulus ist nicht auf den Mund gefallen. Mit Sicherheit nicht. Aber in einer Frage verschlägt es ihm die Sprache: Warum findet das Evangelium so wenig Resonanz im jüdischen Volk? Warum nur ist Israel so verschlossen? Das ist die traurige Erfahrung, die Paulus macht. Sollte man nicht erwarten, dass Israel viel leichter Zugang zum Evangelium findet als die Heiden? Immerhin ist das Evangelium ein jüdisches »Produkt«. Wie ist es nur möglich, dass Israel an seinem Messias vorbeigeht? Gibt es dafür einen tieferen Grund? Hat Gott sein Volk am Ende gar aufgegeben und wendet sich nun den Heiden zu?

Die Antworten auf diesen Fragenkomplex schüttelt Paulus nicht aus dem Ärmel. Diese Fragen erfordern Arbeit. Schriftgelehrte Arbeit mit der jüdischen Bibel, Gebetsarbeit, theologische Reflexion und geistliches Durchdringen. Diese Arbeit leistet Paulus in Römer 9–11. Man spürt der Passage ab, wie Paulus um diese Fragen ringt, wie er kämpft und am Ende einen Durchbruch erzielt. Israel ist eines der wenigen Themen, das Paulus in seinen

Briefen systematisch durcharbeitet. Warum? Weil ihm sein Volk total am Herzen liegt – das werden wir gleich noch sehen.

Römer 9–11 ist ein komplizierter Text. Deshalb ist es mein Ziel, nur mal einen Überblick zu geben. Der Text beginnt mit dem Schmerz des Paulus und endet mit einem Jubelruf. Dazwischen passiert etwas – und das werden wir entdecken. Dabei gehe ich zügig durch den Text, sodass man den Gedankengang nachvollziehen kann. Wenn du mehr ins Detail gehen willst, empfehle ich dir das Buch *Verflucht und von Christus getrennt* von Johannes Gerloff[2]. Zu den vielfältigen Diskussionen, die in der Wissenschaft geführt werden, verweise ich auf den Römerbriefkommentar von Klaus Wengst.[3]

Eine letzte Vorbemerkung: Paulus zitiert in diesen drei Kapiteln dutzendfach die jüdische Bibel (das Alte Testament), allerdings in der griechischen Übersetzung, der sogenannten Septuaginta. Dort wird der hebräische Text mal genauer, mal freier übersetzt. Und Paulus scheint manchmal genau zu zitieren, ein andermal mehr aus dem Gedächtnis. Deshalb findest du die Zitate nicht immer so in deinem Alten Testament, wie Paulus sie zitiert. Aber nun zum Text.

## Römer 9,1-5: Der Einstieg

Am Anfang von Römer 9 spricht Paulus von sich selbst: *Mein Herz ist erfüllt von tiefem Schmerz und großer Trauer.* Wie wenn man den Partner oder ein Kind verloren hat. Das sagt Paulus nicht so daher. Er sagt es in der Gegenwart von Jesus und der Heilige Geist bestätigt es in seinem Gewissen. Alles wird aufgeboten, um zu zeigen, dass Paulus die Wahrheit sagt. Und die besteht darin, dass er voll Schmerz und Trauer ist. Warum? Weil sein Volk, seine jüdischen Geschwister, nicht zu Jesus gefunden haben und Gefahr laufen, für immer verloren zu gehen.

Paulus lässt das nicht kalt. Es treibt ihn emotional um und macht ihm Not. Dies geht so weit, dass er sogar bereit wäre, sich selbst von Jesus trennen zu lassen – wenn er dadurch die Juden retten könnte. Aber das geht natürlich nicht. Die Haltung des Paulus aber ist krass. Gibt es jemanden, für den du bereit wärst, dich zu opfern? Vielleicht nicht. Für Paulus aber ist es sein Volk, für das er sich opfern würde.

Nach diesem Blick in sein Innenleben zählt Paulus auf, wer die Juden sind. Sie sind ein herausragendes Volk. Sie sind Israeliten – ein Ehrentitel. Und sie sind geistlich regelrecht begütert. Ihnen gehört nämlich

- die Kindschaft – denn Gott hat sie als Kinder erwählt.
- die Herrlichkeit Gottes – denn Gott hat sie ihnen offenbart.
- die Bündnisse – denn die hat Gott mit Israel geschlossen.
- die Thora – denn sie ist Gottes Gabe an sein Volk.
- der Gottesdienst – denn nur die Israeliten wissen, wer Gott ist und wie man ihm dient.
- die Verheißungen – denn die stehen in den Heiligen Schriften der Juden.
- die Väter – Abraham, Isaak und Jakob.

All das hat auch heute noch Relevanz. Es handelt sich hier um geistliche Besitztümer, die Gott Israel gegeben hat. Der krönende Abschluss aber ist, dass aus Israel der Messias kommt, der König Israels und Erlöser der Welt. Was für ein besonderes Volk! Paulus kann dazu nur sagen: *Gott, der da ist über allem, sei gelobt in Ewigkeit* (Römer 9,5; LUT).

Umso erschütternder ist, dass Israel seinen Messias ablehnt. Ist nun alles dahin? Nimmt Gott seine Gaben und Versprechen wieder zurück? War's das? Natürlich nicht! Wie aber ist die Situation dann zu verstehen?

## Römer 9,6-13: Wer ist erwählt?

Um Israels Nein zu Jesus einordnen zu können, geht Paulus ganz an die Anfänge zurück. Er will zeigen: Nicht jeder, der ein leiblicher Nachkomme Abrahams ist, steht auch in der Verheißung Abrahams. Übertragen auf seine Situation heißt das: Einige Juden sind von Gott ausersehen, zum Glauben an Jesus zu kommen, andere nicht. Und das ist ja auch genau die Erfahrung, die Paulus macht: Manche nehmen Jesus an, die meisten aber nicht. Manche erwählt Gott und schreibt mit ihnen weiter Heilsgeschichte, andere nicht. Das ist die Realität, die Paulus vorfindet.

Dass das schon immer so war, kann er anhand der Vätergeschichte auch gut belegen. Da ist zunächst das Geschwisterpaar Ismael und Isaak. Ismael ist Abrahams erstgeborener Sohn, Isaak ist der zweite. Also liegt der natürliche Vorrang auf Ismael. Isaak aber ist der von Gott verheißene Sohn, der Sohn der unfruchtbaren Sara, während Ismael mit der Magd Hagar gezeugt wurde – auf eigenmächtige und wenig romantische Weise. Abraham und seiner Ehefrau Sara wurde Isaak versprochen. Also liegt die Verheißung Gottes auf Isaak, nicht auf Ismael.

Dasselbe geschieht eine Generation später, bei Jakob und Esau. Die beiden sind Zwillinge. Sie sind sich im Leib ihrer Mutter Rebekka »dicht auf den Fersen«. Wem aber will Gott den Vorrang geben? Schon vor der Geburt der beiden macht Gott die klare Ansage: Der Ältere wird dem Jüngeren dienen.

Wer der Ältere ist, zeigt sich erst bei der Geburt: Esau erblickt zuerst das Licht der Welt und findet sich durch Gottes Ansage in der Position des Zweiten wieder. Denn Jakob ist Gottes Mann. Aus dieser Linie heraus – Abraham, Isaak, Jakob – entsteht das Volk Israel. Das erwählte, berufene und verheißene Volk, das Volk Gottes. Die anderen Nachkommen Abrahams gehören nicht dazu. Sie werden zwar gesegnet und somit ist für sie gut gesorgt, aber sie sind nicht erwählt.

So weit, so gut. Aber ist das nicht total ungerecht?

## Römer 9,14-33: Ist Gott ungerecht?

Die Frage, ob Gott ungerecht sei, muss kommen. Sie ist aber zugleich ein K.-o.-Kriterium für den theologischen Gedankengang des Paulus. Denn für jeden Juden ist klar, dass der Gott Israels ein gerechter Gott ist. Paulus muss nun also zeigen, dass Gottes Handeln nicht ungerecht ist. Dem dient die Argumentation, die bis zum Ende von Kapitel 9 reicht – allerdings löst sich die Frage erst am Ende von Kapitel 11 vollständig auf.

Nach menschlichem Denken geht es gerecht zu, wenn jeder bekommt, was er verdient. Hier hakt Paulus ein und zeigt, dass bei Gott die Dinge anders liegen. Da kein Mensch vor Gott Verdienste vorweisen kann, ist ohnehin alles reine Gnade, also unverdient. Und da hängt es nun ganz von Gott ab, wem er seine Gnade erweisen will (Römer 9,16). Verdient hat es ohnehin keiner, also kann Gott frei wählen. Okay?

Allerdings hat die Sache eine Kehrseite. Denn wo es Erwählte gibt, gibt es auch Nicht-Erwählte. Diese Kehrseite kann man am besten am Pharao von Ägypten illustrieren (Römer 9,17-23). Den Pharao hat Gott offensichtlich nicht erwählt. Doch nicht nur das.

Gott hat den Pharao innerlich verhärtet, um an ihm seine Macht demonstrieren zu können. Gott ist wie ein Töpfer, der unterschiedliche Gefäße anfertigt. Was für Gefäße er macht, liegt in seiner freien Entscheidung. Die einen sind Müllbehälter, die am Ende zerbrochen werden, die anderen edle Ziervasen. Die einen sind Gefäße des Zorns, die zum Verderben bestimmt sind, die anderen sind Gefäße des Erbarmens, an denen Gott seine Herrlichkeit erweist (Römer 9,22-23). All das gibt es. Das heißt: Der Pharao ist fürs Verderben bestimmt. Das ist hart.

Bitte schau dich nun nicht um, wo es in deinem Umfeld »Pharaonen« gibt. Denn der Pharao ist in der Geschichte Israels eine einzigartige Person. Der Pharao ist derjenige, der den Plänen Gottes mit Israel im Wege steht und sich in einen Machtkampf mit Gott stürzt, den er am Ende verliert. Der Pharao hat ganze zehn Plagen lang Zeit, sich geschlagen zu geben und Israel ziehen zu lassen. Das sind zehn handfeste Chancen, sich Gott unterzuordnen. Aber er bleibt stur und geht aufs Ganze. Wenn Gott nicht vor einem größenwahnsinnigen Menschen einknicken will, muss er den Pharao plattmachen. Das ist nicht schön, aber am Ende tut Gott das.

Wichtig ist: Der Pharao ist nicht von Geburt an zum Verderben bestimmt. Diese Bestimmung ereilt ihn im Verlauf seines Machtkampfes mit Gott und hat eine Vorgeschichte, an der der Pharao selbst mitstrickt. Sie ist nicht Schicksal, sondern Konsequenz. Das macht der Kontext des Schriftzitats in Römer 9,17 deutlich (vgl. 2. Mose 9,16). Richtig ist aber, dass Gott an den Punkt kommen kann, Menschen zu verwerfen und ins Verderben zu schicken. Dafür ist der Pharao ein markantes Beispiel.

Was folgt daraus für uns heute? Vergleiche niemanden mit Pharao und gib keinen Menschen auf. Solange ein Mensch lebt, hat er noch eine Chance. Schau aber, dass du selbst mit Gott im Reinen bist, sonst kann es am Ende ein böses Erwachen für dich geben. Doch nun zurück zum Hauptgedanken des Paulus.

Nach dieser ersten Argumentationsrunde kommt in Römer 9,24 ein Wendepunkt. Paulus springt in die Gegenwart seiner Leser und sagt: *Das gilt auch für uns.*

Was gilt auch für uns? Dass es wunderbare Gefäße gibt, an denen Gott den ganzen Reichtum seiner Herrlichkeit zeigen will (Römer 9,23)! Und wen meint Paulus? Alle, die zum Glauben an Jesus gekommen sind – egal ob Juden oder Heiden. Dass du und ich und alle in der Gemeinde Jesu zum Glauben gekommen sind, ist ein Zeichen, dass Gott uns erwählt hat und wir zum Spiegel seines Erbarmens werden dürfen. Ist das nicht großartig?

Aber was ist nun speziell mit Israel? Paulus argumentiert von der Schrift her (Römer 9,25-29) und macht klar: Menschen aus den Völkern kommen dazu, ein Teil der Juden fällt heraus. Dennoch ist das Volk als solches immer noch erwählt, denn es gibt ja Juden, die Jesus annehmen. Zugleich wird die Erwählung aber auf Heiden ausgedehnt. Das ist neu. Einerseits werden in der messianischen Zeit Heiden hinzuerwählt (vgl. Epheser 2,11-22). Andererseits stoßen sich viele Juden an Jesus und lehnen ihn ab. (Dass auch das nicht das letzte Wort ist, werden wir in Kapitel 11 noch sehen.)

Es ist schon verrückt. Eigentlich sind es ja die Juden, die nach Gerechtigkeit streben. Aber nun, wo Gott sie in Jesus anbietet, greifen viele nicht zu. Für die Heiden hingegen ist die Gerechtigkeit vor Gott kein Thema. Jetzt aber fällt sie ihnen plötzlich in den Schoß – durch den Glauben an Jesus (Römer 9,30-32).

In all diesen Wirrungen ist eines entscheidend: Wer an Jesus glaubt, wird das Endgericht bestehen und darf die Ewigkeit mit Gott verbringen (Römer 9,33). Und das ist das Größte, was es gibt.

## Römer 10,1-21: Was ist Gottes Plan?

Paulus hält nun kurz inne und setzt neu an: *Liebe Freunde, ich sehne mich von Herzen danach und bete zu Gott, dass das jüdische Volk gerettet wird.* Aus diesen Worten spricht keine Verurteilung oder gar Schadenfreude, sondern eine Sehnsucht. Israel soll gerettet werden! Gerettet von der Sünde, vom Verderben, von einer Verurteilung im Endgericht und der ewigen Verdammnis. Über all das hat Jesus den Sieg errungen! Deshalb ist er der Retter. Wenn man nun Jesus bekennt und an ihn glaubt, wird man gerettet (Römer 10,9).

Die meisten Juden zu Paulus' Zeit tun das nicht. Ihnen fehlt diese Erkenntnis. Sie meinen, durch das Halten der Thora gerecht werden zu können, und wollen vom Evangelium nichts wissen. Dahinter steht laut Paulus eine Fehleinschätzung. Der Glaube an Jesus macht gerecht, nicht das Einhalten der Thora – so gut und wertvoll der Thoragehorsam auch ist (Römer 10,3-13).

Im innersten Kern hat die Thora einen anderen Zweck: Sie soll zu Jesus hinführen. Denn von Jesus kommt die Gerechtigkeit. In vielen Übersetzungen wird dieser Zusammenhang auf den Kopf gestellt. Man meint, Jesus sei gekommen, um die Thora abzuschaffen, und so wird übersetzt: »Christus ist das Ende des Gesetzes.«

Doch ist in Römer 10,4a nicht Christus das handelnde Subjekt, sondern die Thora, und im Blick ist weniger ihr Ende als vielmehr ihr Ziel (griechisch: *télos*). Von daher übersetzt man besser: »Das Ziel der Thora ist Christus« (vgl. Galater 3,24). Warum? Weil Jesus gerecht macht. Wer an ihn glaubt, wird von Gott gerecht gesprochen (Römer 10,4). Die Thora führt also zu Jesus und Jesus macht gerecht. Das ist eigentlich nicht schwer zu verstehen, oder?

Die Frage ist nun, warum so viele Juden das nicht nachvollziehen können (Römer 10,14-21). Haben sie das Evangelium nicht gehört?

Wurde es nicht verkündet, hat Gott keine Boten gesandt? Natürlich wurde das Evangelium Israel verkündet. Aber Israel lehnt das Evangelium mehrheitlich ab. Das ist das Problem – auf der menschlichen Seite. Auf der Seite Gottes aber gilt etwas anderes. Selbst die Ablehnung des Evangeliums baut Gott in seine Pläne ein. Denn Gott macht – und das sollte man nie vergessen – aus Mist Dünger.

Drei Aspekte findet Paulus in der Schrift:

- Gott will sein Volk eifersüchtig machen, indem er das Evangelium zu den Heiden sendet.
- Er will sich von denen finden lassen, die ihn gar nicht gesucht haben.
- Zugleich steht Gott mit offenen Armen da und ruft sein Volk Israel.

Gott wartet auf sein Volk. Er wirbt um es und lädt es ein, dem Evangelium Glauben zu schenken. Doch Israel sagt Nein. Das ist die bittere Wahrheit und der Schmerzpunkt des Paulus.

## Römer 11,1-16: Hat Gott Israel verstoßen?

Das Nein Israels ist ein kollektives Nein. Bis auf einige Ausnahmen (darunter Paulus selbst) lehnen die Juden das Evangelium ab. Das Evangelium ist aber die Rettungsbotschaft, auch für die Juden, und Jesus ist der Messias Israels! Der Messias soll dafür sorgen, dass Israel äußerlich als Nation wiederhergestellt und zugleich innerlich erneuert wird. Das ist Gottes Plan für Israel und der Auftrag des Messias. Wenn nun der Messias abgelehnt wird – ist dann nicht alles aus? Hat Israel dann nicht seine letzte Chance verwirkt? Muss man dann nicht davon ausgehen, dass Gott mit Israel Schluss gemacht hat? Oder in den Worten des Paulus: *Hat Gott sein Volk, die Juden, etwa verstoßen?* (Römer 11,1).

Die Antwort ist so einfach wie klar: *Natürlich nicht!* […] *Gott hat sein Volk nicht verstoßen, das er von Anfang an erwählt hat* (Römer 11,1-2). Weil Israel erwählt ist, kann und wird Gott es niemals verstoßen, denn dann wäre die Erwählung nur eine leere Worthülse. Israel aber ist erwählt und deshalb ist es nicht verworfen. Obwohl es Nein zu Jesus sagt. Die ganze Denkweise, die zu der Ansicht führt, Israel sei nun weg vom Fenster, ist laut Paulus falsch. Deshalb ruft er laut: »Halt, stopp, falsche Richtung!«

Genau diese Denkweise wird aber später zur sogenannten Ersatztheologie führen. Im Kern der Ersatztheologie steht die Überzeugung, dass Israel durch die Gemeinde Jesu ersetzt worden sei. Damit wäre Israel am Ende. Diese Denkweise zieht sich als theologischer Mainstream der weltweiten Gemeinde Jesu durch die ganze Kirchengeschichte hindurch – ich komme in den folgenden Kapiteln noch darauf zurück.

Paulus wehrt den Gedanken, dass Gott Israel verstoßen haben könnte, entschieden ab. Aber sei mal ehrlich: Hat dir dieser Gedanke nicht spontan eingeleuchtet? Wenn man den Rettungsring nicht ergreift, geht man eben unter – ist doch eigentlich klar. Aber in Sachen Israel greift diese Logik nicht. Der Abrahamsbund besteht und die Erwählung Israels bleibt. Der Alte Bund wurde zwar oft gebrochen, aber der Neue ist versprochen. Also hat Gott sein Volk nicht verstoßen. Wie kommt Paulus zu dieser Gewissheit?

Paulus erinnert sich an den Propheten Elia. Schon einmal gab es eine dunkle Zeit, wo Israel nicht mit Gott mitging. Aber Gott hat dafür gesorgt, dass einige ihm treu blieben: *Ein Rest ist geblieben …* (Römer 11,5; LUT). Dieser »Rest« hat gesamtbiblisch eine wichtige Funktion. Er ist das sichtbare Zeichen, dass Gott Israel nicht aufgegeben hat, sondern eines Tages komplett zu sich ziehen wird.

Genau das ist zu Zeiten des Elia auch geschehen (vgl. 1. Könige 18). Und das überträgt Paulus nun auf seine Zeit. Es gibt Juden, die zum Glauben an Jesus gekommen sind. Sie bilden jenen »Rest«. Also ist Gott mit Israel noch unterwegs und wird es ans Ziel bringen. Das ist der entscheidende Punkt.

Nun kommt allerdings eine schockierende Aussage. Es ist zwar tröstlich, dass es jenen Rest gibt, doch die Herzen der Übrigen blieben verschlossen. Gott selbst hat sie in einen Tiefschlaf versetzt, sodass sie Jesus gegenüber blind bleiben (Römer 11, 7-10).

»Um Gottes willen«, mag man da denken, »wie kann Gott nur so etwas tun?« Diese Verhärtung, dieses Nein gegenüber Jesus, ist keine Willkür, sondern ein Gericht Gottes. Gott sagt: »Ihr wolltet Jesus nicht annehmen? Nun, dann müsst ihr damit leben. Ihr habt eure Augen verschlossen? Dabei soll es nun bleiben.« Harte Worte. Dass dies nicht absolut gilt, wissen wir. Denn es kommen auch weiterhin Juden zum Glauben an Jesus. Aber nur wenige. Auf dem Volk insgesamt liegt so etwas wie ein Schleier, der das Evangelium verdeckt. Davon spricht auch Paulus in 2. Korinther 3. Diesen Schleier spürt man für mein Gefühl auch heute noch, wenn man mit Juden näher zu tun hat.

Jetzt aber kommt der Clou. Mit seinem Gericht verfolgt Gott einen genialen Plan. Das Nein Israels führt nämlich dazu, dass das Evangelium hinaus in die Völkerwelt geht. Millionen von Heiden kommen in der Folge zum Glauben an Jesus – auch du und ich. Ist das nicht gewaltig? Doch dabei soll es nicht bleiben. Die Heidenmission dient laut Paulus dazu, Israel eifersüchtig zu machen. Die Juden sollen beim Anblick der Heidenchristen sinngemäß denken: »Mist, wir haben es versiebt. Die Heiden haben unseren Messias!« – und auf diese Weise sollen sie doch noch zu Jesus finden (Römer 11,11). Das ist der Plan. (Dass wir Christen diesen Plan gründlich durchkreuzt haben, deute ich hier nur an. Dazu später mehr.)

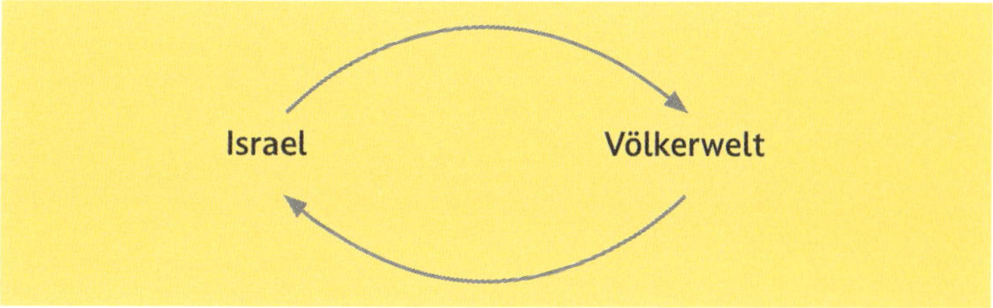


Paulus sagt nun, dass seine gesamte Völkermission in der Perspektive geschieht, dass dadurch Israel gerettet wird. Und wenn Israel gerettet wird, dann wird dies wiederum ein Segen für die ganze Welt sein. Gewaltiges wird geschehen, wenn Israel und sein Messias zusammengekommen sind! Dass es dazu kommen wird, ist für Paulus klar. Denn die Juden gehören zu Gott. Sie sind sein Volk, sie gelten ihm als heilig. Warum? Weil sie die natürlichen Zweige des Ölbaums Gottes sind (Römer 11,12-16).

Was es mit dem Ölbaum auf sich hat, wissen wir schon. Das muss ich nicht wiederholen. Den Schluss des Gleichnisses muss ich jedoch noch nachtragen. Dort sagt Paulus: Wenn wir Heidenchristen als fremde Zweige in den Ölbaum Gottes eingepfropft wurden, *wie viel lieber wird er die Juden wieder in den Baum einpfropfen, zu dem sie eigentlich gehören* (Römer 11,24). Eines Tages werden die ausgebrochenen Zweige wieder eingepfropft werden. Ist das nicht stark?

## Römer 11,25-32: Der Ausblick

Nun endlich sind wir am erlösenden Punkt: Israel ist nicht verstoßen und wird nicht auf der Strecke bleiben – Israel hat Zukunft! Gott selbst wird dafür sorgen, dass die Geschichte Israels einen guten Ausgang nimmt: *Dann wird ganz Israel gerettet werden, wie es schon bei den Propheten geschrieben steht: »Ein Retter wird aus Jerusalem kommen, und er wird Israel von aller Gottlosigkeit befreien«* (Römer 11,26). Ganz Israel, nicht nur ein Teil!

Momentan sind die meisten Juden noch auf Distanz zu Jesus. Doch das wird nur so lange anhalten, bis die von Gott bestimmte Anzahl von Menschen aus den Völkern zu Christus gefunden hat (Römer 11,25). Am Ende wird Israel Jesus erkennen und jener Schleier wird endgültig abfallen. Israel und sein Messias werden zusammenfinden. Das muss so kommen, sonst wäre Jesus nicht der Messias, der König der Juden, der Retter und Befreier Israels. Anders gesagt: Unser Glaube an Jesus hat eine wichtige Bewährungsprobe noch nicht bestanden. Wir glauben zwar, dass Jesus der Messias ist. Dass er das aber wirklich ist, muss sich erst noch zeigen – nämlich darin, dass Israel Jesus annimmt. Das steht noch aus.

**Wie wird ganz Israel gerettet?**

Paulus gibt auf diese Frage keine eindeutige Antwort. Die Bibel nennt jedoch drei Faktoren: die Eifersucht, die durch die Christen entsteht (Römer 11,11), der Heilige Geist, der an Israel wirkt und den Schleier wegnimmt (2. Korinther 3,4-18), und ein Offenbarwerden Jesu während des letzten großen Kampfes um Jerusalem (Sacharja 12,10). Israels Rettung hat somit schon begonnen. Es gibt bereits Christen, die Juden mit so viel Liebe begegnen, dass diese aufhorchen. Und es gibt den Heiligen Geist, der an Juden wirkt, sodass aktuell mehr Juden zum Glauben an Jesus kommen als je zuvor. Der endgültige Durchbruch wird aber wohl erst kommen, wenn Jesus wiederkommt. Zu den Völkern kommt Jesus zwar als Richter, zu Israel aber kommt er als Messias, als Retter seines Volkes.

Doch so weit sind wir noch nicht. Paulus schwenkt nochmals zurück in seine Zeit. Und was damals galt, gilt heute noch immer:

> Nach dem Evangelium sind sie zwar Feinde um euretwillen; aber nach der Erwählung sind sie Geliebte um der Väter willen.
> *Römer 11,28, LUT*

Im Griechischen ist der Vers streng symmetrisch formuliert. Diese Symmetrie kommt in der deutschen Übersetzung nicht so gut heraus. Deutlich ist aber, dass beide Vershälften durch eine Zwar-aber-Konstruktion verknüpft sind: Die Juden sind zwar Feinde, aber noch immer Gottes erwähltes Volk. Und die Aber-Aussage wiegt in solch einer Konstruktion eindeutig schwerer. Das heißt: Gottes Erwählung wiegt schwerer als Israels Nein zum Evangelium. Deshalb wird Gott dieses Nein eines Tages auflösen. Dann wird ganz Israel Ja sagen. Ja zu Jesus, dem Messias.

Was ist das Ende dieser verwickelten Geschichte? Alle Menschen waren Gott ungehorsam. In der Zeit vor Jesus waren die Völker Gott ungehorsam, indem sie ihr eigenes Leben lebten – ohne Gott. Jetzt sind es die Juden, indem sie Jesus und das Evangelium ablehnen. Eigentlich hätten es alle verdient, verurteilt zu werden. Aber Gott ist ein barmherziger Gott, ein Gott der Gnade. Und so schließt Paulus mit den Worten:

> Denn Gott hat alle Menschen ihrem eigenen Ungehorsam ausgeliefert, um allen seine Gnade zu schenken. Wie wunderbar ist doch Gott!
> *Römer 11,32-33a*

## Wie es weitergeht

Dieser Abschnitt der drei Kapitel des Römerbriefes endet also mit einem großen Trost: Ganz Israel wird gerettet werden. Dahin geht die Reise. Wir haben die Ehre, auf indirekte Weise daran mitzuwirken. Wie das aussehen kann, werden wir noch sehen.

Doch die Geschichte Israels geht erst einmal anders weiter. Zwei große Katastrophen und 1 800 Jahre in der Fremde warten auf das jüdische Volk, bevor die Zeit der Rückkehr ins eigene Land beginnen kann. Diese zwei Katastrophen ragen sozusagen aus der Geschichte von Gottes Volk heraus: Es sind die Vernichtung Israels im 1./2. Jahrhundert n. Chr. und der Holocaust im 20. Jahrhundert.

Die Vernichtung Israels hat Konsequenzen, die die folgenden zwei Jahrtausende prägen. Der Holocaust wiederum hat eine Vorgeschichte, die Jahrtausende zurückreicht. Im folgenden Teil vier des Buches schreiten wir die zwei Jahrtausende unserer Zeitrechnung daher zweimal ab. Im ersten Kapitel skizziere ich die Geschichte des Judentums nach der Zerstörung des Tempels. Im nächsten Kapitel müssen wir uns der endlosen Geschichte des Judenhasses zuwenden, die im Holocaust gipfelte. Beide Linien führen uns ins 20. Jahrhundert und damit an die Schwelle einer neuen Zeit: an den Beginn der Wiederherstellung Israels.

# Katastrophen

4. Teil

# Zerstreut unter die Nationen: Israels Ende

Zur Zeit des Apostels Paulus ist die Welt gewissermaßen noch in Ordnung. Israel ist zwar unter römischer Herrschaft, hat aber seinen Tempel, seine Hauptstadt Jerusalem und sein Land. Wenige Jahre nach dem Tod von Paulus ist plötzlich alles anders. Der Tempel liegt in Schutt und Asche, Jerusalem ist zerstört. Die Ursache ist ein Aufstand gegen Rom und ein heftiger Bürgerkrieg, der sogenannte erste Jüdische Krieg (66-74 n. Chr.).

Schon die Jahre davor sind voller Spannungen. Die soziale Not schürt messianische Erwartungen. Sie geben den Zeloten – einer jüdischen Gruppierung, die gewaltsam einen Umsturz erreichen will – mächtig Auftrieb. Die Römer verhalten sich so arrogant, dass sie nicht einmal vor einem Griff in den Tempelschatz zurückschrecken. Die Empörung unter den Juden ist groß. Als Reaktion wird von den Juden das tägliche Opfer für den Kaiser eingestellt. Dies wird in Rom als Akt der Rebellion gewertet – und an der Stelle versteht Rom keinen Spaß.

## Blutige Kriege

Israel ist in jener Zeit eine tickende Zeitbombe und im Jahr 66 n. Chr. gibt es kein Halten mehr. Ein Aufstand gegen Rom entzündet sich. Rom sendet eine Armee von 60 000 Mann, die Zeloten machen mobil und ein mehrjähriger Krieg bricht aus, der in die Katastrophe führt. Dabei kämpfen nicht nur Juden gegen Römer, sondern auch Zeloten gegen Gemäßigte und konkurrierende Zeloten gegeneinander.

In der Endphase dieses Krieges gerät alles außer Kontrolle. Es herrscht das blanke Chaos. Hemmungsloser Blutrausch macht sich breit. Der große jüdische Geschichtsschreiber Flavius Josephus schildert die letzten Tage so:

> Die Angriffswut der hereinbrechenden Legionen war weder durch Ermahnungen noch durch Drohungen aufzuhalten. Den Oberbefehl führte bei allen jetzt die Wut. [...] In großer Menge häuften sich die Toten um den Brandopferaltar. Blut floss in Strömen von den Stufen des Altares, gefolgt von den hinabgleitenden Leibern der weiter oberhalb Getöteten.[4]

Das Blutbad jener Zeit muss so grauenvoll gewesen sein, dass Josephus von über einer Million Toten spricht. Jesus hat diese Katastrophe vorausgesehen. In Matthäus 23,37-38 klagt er stellvertretend für Gott:

> O Jerusalem, Jerusalem, du Stadt, die Propheten ermordet und Gottes Boten steinigt! Wie oft wollte ich deine Kinder zusammenrufen, wie eine Henne, die ihre Küken unter ihren Flügeln birgt, doch ihr habt es nicht zugelassen. Und nun seht, euer Haus ist euch überlassen, leer und verödet.

Gott will Israel unter seine Flügel sammeln. Israel aber verweigert sich – und ist seinen Feinden schutzlos ausgeliefert. Damit ist die Zerstörung nicht mehr aufzuhalten. Gleich danach, in Matthäus 24, spricht Jesus im Rahmen einer Endzeitrede von der Zerstörung des Tempels. In Vers 21 bezeichnet Jesus diese Zeit mit den Worten: *Es wird eine Schreckenszeit sein, wie die Welt sie noch nie erlebt hat und auch nie wieder erleben wird.* Das kann Josephus nur bestätigen.

Im zweiten Jahrhundert geht es ähnlich weiter. Unter Bar Kochba wagen die Juden erneut einen Aufstand gegen Rom. Bar Kochba (der *Sternensohn*) wird als Messias gehandelt. Selbst der berühmte Rabbi Akiba unterstützt ihn. Viele glauben, dass nun der ultimative Befreiungsschlag gegen Rom erfolgt und das Reich Gottes kommen wird. Doch weit gefehlt! Israel schliddert in den zweiten Jüdischen Krieg (132-135 n. Chr.) und in den totalen Untergang. Laut dem Geschichtsschreiber Cassius Dio verlieren 580 000 Juden ihr Leben. Tausende Juden werden in die Sklaverei verkauft. Die Menge der Sklaven ist so groß, dass der Preis für einen Sklaven auf den eines Pferdes sinkt. Da verschlägt es einem wirklich die Sprache, oder?

Doch dabei bleibt es nicht. Rom macht ganze Sache. Israel wird in *Syria Palaestina* umbenannt (das bedeutet sinngemäß: Philisterland) und Jerusalem in *Aelia Capitolina* (benannt nach dem römischen Kaiser Hadrian und dem römischen Gott Jupiter). Das Land, das in der Bibel Israel heißt, heißt von nun an Palästina – bis ins 20. Jahrhundert hinein. Auf dem Tempelplatz wird ein Heiligtum für Jupiter erbaut und den Juden wird bei Todesstrafe verboten, die Stadt zu betreten. Alles Jüdische wird ausgemerzt. Das ist das Ende Israels.

**»Nächstes Jahr in Jerusalem!«**

Dieses geflügelte Wort stammt aus jener Zeit. Denn ab diesem Zeitpunkt spielt die Geschichte der Juden vorwiegend außerhalb ihres Landes. Draußen, in der Diaspora, also in der Fremde und der Zerstreuung, in der großen weiten und oft auch feindlichen Welt. Allerdings bleiben Hoffnungen. Denn Gott hat durch seine Propheten eine Wiederherstellung Israels am Ende der Tage versprochen. Seither rufen die Juden am Seder-Abend jedes Passahfestes einander zu: »Nächstes Jahr in Jerusalem!« Das tun sie Jahr um Jahr. Bis es Wirklichkeit wird. Dieser Rückbezug ist von großer Bedeutung. So können die Juden durch die Jahrhunderte ihre Identität bewahren und gehen nicht im Meer der Völker unter.

## Judentum ohne Tempel

Der erste Jüdische Krieg hat zum Verlust Jerusalems und des Tempels geführt, der zweite sogar zum Verlust des letzten Restes an Eigenstaatlichkeit. Für Juden sind dies nicht nur weltliche Güter, sondern Gaben Gottes. Jerusalem ist heilige Stadt, der Tempel ist Wohnort Gottes, das Land hat Gott für Israel bestimmt und die Eigenstaatlichkeit macht es möglich, keinem anderen als Gott verpflichtet zu sein. Der Verlust trifft Israel also ins Mark. Die Juden müssen einen Weg finden, ohne diese zentralen Elemente ihres Glaubens zu leben. Entwurzelt und heimatlos, draußen in der Fremde.

Der erste Schritt wird bereits nach der Tempelzerstörung im Jahr 70 n. Chr. getan. Da es den Tempel nicht mehr gibt, muss man nun ohne ihn auskommen. Also auch ohne Opfer, um die Schuld zu tilgen, und ohne die Generalvergebung am großen jüdischen Feiertag, dem Versöhnungstag *Jom Kippur*. Wie aber soll das gehen? Der christliche Weg, ohne Tempel mit Gott zu leben, kommt für die meisten Juden ja nicht infrage, weil sie Jesus nicht als Messias anerkennen. Deshalb bleibt nichts anderes übrig, als ein Judentum ohne Tempel zu entwickeln und zu wagen. Eine Riesenherausforderung! Das ist ungefähr so, als wenn die Katholiken plötzlich keinen Papst und keine kirchlichen Strukturen mehr hätten.

Die entscheidende Person, die den Juden durch diese Krise hilft, ist Rabbi Jochanan ben Zakkai. Spannend ist seine Geschichte, wie er der Zerstörung Jerusalems entkommt. Jochanan wendet einen Trick an. Er legt sich in einen Sarg und lässt sich von seinen Schülern nach draußen tragen. Dort wird er vor den Feldherrn Vespasian gebracht. Der ist überraschend freundlich und fragt ihn am Ende sogar nach seinen Wünschen.

Jochanan erbittet von ihm, in die Stadt Javne gehen und dort seine Schüler unterrichten zu dürfen. Vespasian stimmt zu. Zum Abschied hat Jochanan noch ein prophetisches Wort für Vespasian: »Du wirst demnächst zur Herrschaft berufen werden.« Und tatsächlich wird Vespasian wenig später der Kaiser des Römischen Reiches. Jochanan wiederum hat einen Ort, wo er sich mit seinen Schülern sammeln und das Judentum sozusagen neu erfinden kann. Dies ist die Geburtsstunde des »tempellosen« Judentums.

Als gläubiger Jude geht Jochanan fest davon aus, dass Gott weiterhin mit den Juden ist, auch wenn der Tempel zerstört ist. Deshalb nimmt er sich die Freiheit, die Vorschriften der Thora so zu verändern, dass sie auch ohne den Tempel durchführbar sind. Das ist eine kleine Meisterleistung.

Entscheidend ist der Thoragehorsam. Denn die Thora ist das Einzige, was den Juden noch geblieben ist. Deshalb prägen Thorastudium, Schriftgelehrsamkeit und die weiterführenden Erörterungen der Rabbis fortan das Bild. Da es keinen Tempel mehr gibt, gewinnen außerdem die Synagogen an Bedeutung. Hier kommen die Juden zusammen, um Gottesdienste zu feiern. Hier wird gebetet, die Thora studiert, hier werden Thora-Schulen (*Jeschiwot*) eingerichtet, Versammlungen abgehalten und Feste gefeiert. Die Synagoge wird weltweit zum Treffpunkt und Zentrum der Juden.

Auch das Gebet gewinnt an Bedeutung. Hervorzuheben sind das *Schema Jsrael* und das *Achtzehnbittengebet*. Das *Schema Jsrael* ist eigentlich ein Appell und stammt aus der Bibel: *Höre, Jsrael …* (5. Mose 6,4; LUT). Inhaltlich geht es darum, dass es nur einen Gott gibt und Israel nur ihm allein folgt. Dies wird täglich eingeschärft.

Die Schwerpunkte verschieben sich also: von den Priestern zu den Rabbis, vom Tempel zur Thora, vom Opfer zu guten Werken, vom heiligen Ort zur Heiligung des Volks. So findet Israel seinen Weg, ohne Tempel klarzukommen. Das kennen wir heute in unseren Gemeinden auch: Für uns Christen sind der Pastor, das Wort Gottes, das Handeln nach Gottes Willen und eine persönliche Beziehung zu ihm wichtig – und nicht irgendwelche Gemeinderäume.

Der Fokus im rabbinischen Judentum liegt auf dem Thorastudium. Die schriftliche Thora wird systematisch ausgelegt, angewandt, aktualisiert und im Alltag zur Geltung gebracht. Dies geschieht zunächst durch mündliche Lehre. Um 200 n. Chr. wird diese mündliche Lehre zusammengefasst. Daraus entsteht das grundlegende Werk der *Mischna*.

Doch dabei bleibt es nicht. Generation für Generation entstehen weitere Ergänzungen und Erläuterungen, die zuletzt zu den beiden Talmuden führen: zum palästinischen beziehungsweise jerusalemischen Talmud (4. Jahrhundert) und zum babylonischen Talmud (6. Jahrhundert). Der babylonische Talmud ist deutlich umfangreicher als der palästinische und gilt als der Talmud schlechthin.

## Entwicklung in der Fremde

Da die Juden ihre Heimat verloren haben, breiten sie sich im gesamten Mittelmeerraum aus. Dies hat zur Folge, dass drei unterschiedliche Ausprägungen des Judentums entstehen. Das orientalische (babylonische) Judentum gibt es schon lange. Daneben entstehen nun das sefardische Judentum, das vor allem in Spanien, Südfrankreich und Nordafrika beheimatet ist, und das aschkenasische Judentum Mittel- und Osteuropas. Die Differenzen sind zwar nicht grundsätzlicher Natur, denn überall gelten Thora und Talmud, die Entwicklungen verlaufen jedoch unterschiedlich.

Eine große Veränderung bringt ein Kurswechsel Roms im 4. Jahrhundert mit sich. Kaiser Konstantin findet nämlich Zugang zum christlichen Glauben. Unter seiner Herrschaft wird Israel/Palästina regelrecht christianisiert. Kirchen und Klöster werden errichtet, Pilgerfahrten finden statt. Unter Theodosius I. wird das Christentum zur Staatsreligion. Dadurch gewinnt es die Oberhand über das Judentum. Wenn du heute nach Israel reist, musst du dich daher nicht über die vielen christlichen Kirchen wundern.

Für die Juden ist dies mit Diskriminierung, Unterdrückung, Gewalt und anderen schlimmen Erfahrungen verbunden. Juden haben unter den Christen zu leiden. Mal mehr, mal weniger. Für die Juden wird das Christentum zur beständigen Gefahr. Mich persönlich erfüllt das heute noch mit Scham. Erst im 18./19. Jahrhundert werden die Juden in manchen Ländern zu gleichberechtigten Bürgern erklärt, doch bleibt auch dies brüchig. Unvorstellbar, oder?

Dennoch blüht jüdisches Leben vielerorts. So zum Beispiel in Spanien, wo im 12. Jahrhundert der berühmte Gelehrte Maimonides (Rabbi Moses Ben Maimon, Kürzel RaMBaM) wirkt. Maimonides formuliert so etwas wie ein jüdisches Glaubensbekenntnis. Dies ist für das Judentum, das keine festen Lehraussagen kennt, ungewöhnlich. Die dreizehn Glaubenssätze des Maimonides finden jedoch weite Anerkennung und können bis heute als Grundbestand jüdischen Glaubens angesehen werden.[5]

Das Judentum ist eigentlich eine unkomplizierte und recht konstante Religion. Schon zu Zeiten des Maimonides und bis heute sind folgende Elemente von zentraler Bedeutung: Beschneidung und Bundesgehorsam, der Schabbat, die großen Feste der Thora, koschere Küche, die Erwartung des Messias, die Auferstehung der Toten und die kommende Welt (*Olam Haba*). Wenn man jüdisches Leben innerlich bejaht, ist es längst nicht so schwer, wie du auf den ersten Blick vielleicht denkst. Unsere Straßenverkehrsordnung zum Beispiel ist ja auch mit unzähligen Einschränkungen verbunden und wir halten uns (meistens) daran. Alles ist eine Sache der Gewohnheit.

Das Gegenstück zu Maimonides ist Raschi (Rabbi Schlomo ben Jizchak), der im 11. Jahrhundert wirkt. Raschi wird in Frankreich geboren, studiert an den berühmten Lehrhäusern in Worms und Mainz und kehrt dann nach Frankreich zurück. Er kommentiert die ganze Bibel und den Talmud. Sein Output ist gigantisch. Raschis Kommentar hat höchste Autorität und wird bis heute in den Talmudausgaben in einer eigenen Schriftart (der Raschi-Schrift) mitabgedruckt.

Als Gegenpol zur strengen Schriftgelehrsamkeit der Rabbiner entwickelt sich im 13. Jahrhundert die Kabbala. Hauptwerk ist das Buch Zohar. Die Kabbala ist eine mystische Geheimlehre. Ausgangspunkt ist die Transzendenz, die Jenseitigkeit Gottes. Wie auf einer Leiter klettert Gottes Offenbarung nach unten zur Welt. Das Tolle ist, dass der Mensch diese Stufen auch nach oben klettern und immer größere Offenbarungen bekommen kann. Deshalb ist die Kabbala voller Geheimnisse. Dieser Weg führt von der Finsternis ins Licht, vom Materiellen ins Geistige, von der Erde in höhere Sphären und reinigt dabei die Seele. Erst eine völlig gereinigte Seele kann wieder zu Gott zurückkehren. So die Lehre der Kabbalisten. Nach der Vertreibung der Juden aus Spanien 1492 erlebt die Kabbala in Safed in Galiläa einen neuen Aufschwung. Viele Gelehrte lassen sich dort nieder. Heute ist die Stadt ein Refugium berühmter Künstler.

Die Vertreibung aus Spanien führt viele Juden nach Nordafrika, einige auch über Mitteleuropa nach Polen-Litauen. Dort entwickelte sich im 17./18. Jahrhundert das osteuropäische Judentum mit seinen Besonderheiten: dem jüdischen *Schtetl* (jüdische Siedlung), der jiddischen Sprache (früher auch *Judendeutsch* genannt) und festen Traditionen.

## Judentum light

Da jahrhundertelang der Fokus auf dem Thora- und Talmudstudium gelegen hat, empfinden viele Juden ihren Glauben als verkopft. Viele können nicht mithalten, weil sie nicht die Bildung oder die Zeit für umfangreiche Studien haben. Man ist abhängig von rabbinischen Regeln, sehnt sich aber nach Gott. Vor diesem Hintergrund entsteht im 18. Jahrhundert der Chassidismus.

**Chassidismus**

Dieser Frömmigkeitsstil geht zurück auf eine charismatische Führungspersönlichkeit mit Namen Baal Schem Tov (deutsch: Herr des guten Namens). Der Chassidismus (von *chassidut*, deutsch: Frömmigkeit) ist vielleicht am ehesten vergleichbar mit heutiger freikirchlicher Frömmigkeit, wo Menschen mit Gott leben, ihn erleben wollen und eine Herzensbeziehung zu Gott pflegen, ohne schriftgelehrt zu sein. Wichtig ist die subjektive, auch emotionale Gotteserfahrung, aber auch die jeweilige Leiterpersönlichkeit, der sogenannte *Zaddik*. Diese Art des Glaubens ermöglicht es auch den einfachen Menschen, mit Gott zu leben. Ein großer Freund des Chassidismus war der bekannte jüdische Religionsphilosoph Martin Buber (1878–1965). Zwar ein großer Gelehrter, hatte er doch ein Herz für das einfache Volk und authentischen Glauben im Alltag.

Diese Form des Judentums breitet sich in ganz Osteuropa sowie in der Ukraine, in Weißrussland und Russland aus. Aus diesen Gebieten stammen übrigens auch weite Teile der sogenannten Ultraorthodoxie, deren Outfit jeder vor Augen hat, der an Juden denkt: Hut, Schläfenlocken, meist langer Bart, schwarzes Gewand. Sie prägen auch heute noch das Straßenbild in Jerusalem.

Im 19. und 20. Jahrhundert wandern viele Juden nach Amerika aus. Insbesondere in die USA. Gründe sind der öffentliche Druck, Pogrome, Antisemitismus und Armut. Auf diese Weise werden die USA zu einem Zentrum, wo sich das Judentum qualitativ und quantitativ enorm entwickelt. Von den vierzehn Millionen Juden weltweit leben heute sechs Millionen in Israel und sechs Millionen in den USA.

Die großen Umbrüche der Neuzeit gehen an den Juden nicht vorüber. Das europäische (aschkenasische) Judentum kann sich der Aufklärung nicht verschließen und durchläuft im 19. Jahrhundert selbst eine Aufklärung. Dort bekommt die menschliche Vernunft einen hohen Stellenwert. Was unvernünftig erscheint, wird suspekt. Viele Juden überprüfen daraufhin ihren Glauben und empfinden manches als unvernünftig. Dazu gehören weite Teile der strengen Speise- und Reinheitsvorschriften (*Kaschrut*), die Skepsis gegen die Moderne und die Ungleichbehandlung der Frau. An diesen Stellen wird die Tradition hinterfragt und aufgebrochen. Vieles wird nicht als allgemeingültig, sondern als zeitbedingt verstanden.

Aufgeklärte Juden wollen Juden bleiben und gewinnen aus dem Glauben ethische Orientierung. Doch sie wollen auch frei sein, an der Moderne teilhaben und Eigenverantwortung übernehmen. Daraus entsteht das sogenannte Reformjudentum. Das Reformjudentum bricht jedoch nicht komplett mit der Tradition. Es ist – vereinfacht gesagt – Judentum light. Allerdings rechnet es nicht mehr mit einem Kommen des Messias und der Auferstehung der Toten, wohl aber mit dem ewigen Leben. Auch im Christentum hat es übrigens solche Entwicklungen nach der Aufklärung gegeben. Bis heute wird diskutiert, ob der Glaube dadurch zeitgemäßer wird oder an Substanz verliert.

Neben dem Reformjudentum gibt es natürlich weiterhin die traditionellen Richtungen. Das orthodoxe und das ultraorthodoxe Judentum halten sich weiterhin konsequent an die Thora, die *Mischna* und den Talmud, die *Kaschrut* eingeschlossen. Orthodoxe Männer erkennt man an der Kippa, einer kleinen, handtellergroßen Kappe. Das ist ihr Markenzeichen. Die Ultraorthodoxie ist um einiges traditioneller als die Orthodoxie. Sie scheint vor der Aufklärung stehen geblieben zu sein, ähnlich wie im Christentum die Amischen. Tradition ist das A und O. Das hat zur Folge, dass bestimmte Gruppen heute in Israel noch Pelzmützen tragen – weil es im kalten Russland so üblich war. Diese extreme Form ist aber nicht das Judentum schlechthin. In Israel sind heute siebzig Prozent der Juden säkular und haben nur einen lockeren Bezug zum jüdischen Glauben. Zwanzig Prozent sind orthodox und zehn Prozent ultraorthodox. Nicht wenige sind Atheisten.

Im 19. und 20. Jahrhundert entwickeln sich im Judentum große Visionen. Dazu gehören der Zionismus, der jüdische Sozialismus und der jüdische Universalismus. Zionisten träumen von der Wiederauferstehung eines jüdischen Staates Israel im Land der Väter, dies kann, muss aber nicht religiös motiviert sein. Der jüdische Sozialismus ist ein Teil des weltweiten Sozialismus. Er zielt auf Gleichheit und Gerechtigkeit und wird im 20. Jahrhundert zum geistigen Fundament der Kibbuzbewegung in Israel. Wer heute einen Kibbuz besucht, kann davon noch etwas spüren. Universalisten wiederum träumen davon, dass der ethische Gehalt der Thora mit den edelsten Konzepten der Völker vereint wird – um die ganze Menschheit auf ein neues Niveau zu bringen. Faszinierend sind diese großen Visionen schon, oder?

Die Juden bringen im Lauf der Geschichte eine große Zahl berühmter Persönlichkeiten hervor. Ich greife einmal einige Namen heraus: Anne Frank, Edith Stein, Martin Buber, Rosa Luxemburg, Albert Einstein, Sigmund Freud, Theodor W. Adorno, Philo von Alexandrien, Rabbi Akiba, Franz Kafka, Kurt Tucholsky, Karl Marx, Steven Spielberg, Woody Allen, Calvin Klein, Paul Newman, Lion Feuchtwanger, Marcel Reich-Ranicki, Paul Celan, Stefan Zweig, Felix Mendelssohn Bartholdy, Leonard Bernstein,

Marc Chagall, Sabbatai Zwi, Leo Baeck, Franz Rosenzweig, Hans Jonas, Scarlett Johansson, Ben Stiller, Rachel Weisz, Jesus von Nazareth, Schalom Ben-Chorin, Heinrich Heine, Levi Strauss, Niels Bohr, Michael Bloomberg, Roy Lichtenstein, Max Horkheimer, Natalie Portman, Mark Zuckerberg, Bob Dylan, Larry Page, Alan Greenspan, Gal Gadot, Daniel Kahnemann.

Nicht alle der hier Genannten werden wir feiern wollen. Doch sind die Juden auch ganz handfest zum Segen der Welt geworden. Über zwanzig Prozent der Nobelpreisträger sind Juden. Erinnerst du dich zum Beispiel daran, als 2016 Bob Dylan als erster Songwriter den Literaturnobelpreis bekommen hat? Zwanzig Prozent – und das bei einem Anteil von gerade mal 0,2 Prozent der Weltbevölkerung, das ist der Faktor hundert![6]

Wenn ich das Judentum in seinen Ausprägungen so ansehe, gehen mir verschiedene Gedanken durch den Kopf. Mich fasziniert die Hingabe gläubiger Juden. Wie sie alles geben, um die Thora zu lernen und Gottes Willen gemäß zu leben, beeindruckt mich. Der Glaube der Juden, die ich vor Augen habe, ist lebendig. Sie sind nicht gesetzlich, eng oder mürrisch, sondern tun einfach, was sie als richtig erkannt haben. Sie tun das im Vertrauen auf Gott und von ganzem Herzen, denn im Judentum zählt die Tat. Das sind tolle Leute!

Was nach meiner Empfindung fehlt, ist die Gewissheit, die ich und du als Christen haben, dass Jesus uns vor Gott gerecht gemacht hat. Was für ein Geschenk, dass wir nicht sorgenvoll oder ängstlich dem Tod oder dem Endgericht entgegensehen müssen! Uns Christen wiederum fehlt oft der Eifer der Juden, das Wort Gottes zu lernen und konsequent zu tun. Was wäre, wenn auch in deinem Leben und deiner Gemeinde beides zusammenkommen würde – die Gewissheit durch Jesus und der Eifer für die Thora? Vielleicht könnte das eine zweite Reformation werden.

## Wie es weitergeht

Biblisch gesehen ist die Geschichte der Juden, die ich in diesem Kapitel skizziert habe, ein Exkurs. Sie entspricht weder dem eigentlichen Plan Gottes noch seinem Ziel. Gott will sein Volk in seinem Land haben. Es soll mit ihm zusammenleben und ein Licht für die Nationen sein. Das ist der Plan, dazu ist Israel erwählt.

Was oft geringschätzig als Zionismus verurteilt wird, ist also in Wahrheit die biblische Perspektive für Israel. Wann aber wird es so weit sein?

Für Christen, die die Wiederherstellung Israels erwarten, ist es 1895 aufsehenerregend, als Theodor Herzl seine programmatische Schrift *Der Judenstaat* veröffentlicht. Dort spricht er von seinem Traum, den Judenstaat wiederauferstehen zu lassen. Herzl ist kein religiöser Jude. Er ist ein Mann der bürgerlichen Mitte und lebt in Wien. Herzl ist ein assimilierter Jude, also einer, der sich angepasst hat. Sein Judentum sieht man ihm nicht an. Was ihn erschüttert, ist ein Justizskandal jener Zeit, die Dreyfus-Affäre. Sie bringt ihn zu der Erkenntnis, dass die Juden nie dem Judenhass entrinnen können. Auch als assimilierte Juden nicht. Der Antisemitismus steht immer wieder auf und schlägt zu. Das wird uns im nächsten Kapitel noch beschäftigen.

Jene Erkenntnis legt bei Herzl einen Schalter um. Nun verfolgt er mit aller Kraft die Vision, den Staat Israel wieder neu zu gründen. Zunächst muss er seine Judengenossen überzeugen und das ist gar nicht einfach. Doch ein erster Durchbruch gelingt auf dem ersten Zionistenkongress in Basel 1897. Danach reist Herzl Jahr um Jahr durch die halbe Welt, um führende Politiker für seine Idee zu gewinnen. Oft stößt er auf verschlossene Türen, ab und zu aber auch auf Verständnis. Die Sache zieht sich hin, die Mühe scheint vergeblich, der Erfolg bleibt aus. 1904 stirbt Herzl.

An gebrochenem Herzen, wie seine Freunde sagen. Erreicht hat er kaum etwas. Alles umsonst?

Vielleicht nicht. Denn auf diesem Zionistenkongress muss etwas passiert sein, das in Herzl einen prophetischen Weitblick und einen riesigen Glauben erzeugt hat. In seinem Tagebuch spricht er davon: *In Basel habe ich den Judenstaat gegründet. Wenn ich das heute laut sagte, würde mir ein universelles Gelächter antworten. Vielleicht in fünf Jahren, jedenfalls in fünfzig wird es jeder einsehen.* Der Eintrag stammt vom 3. September 1897.[7]

1947 präsentiert die Organisation der Vereinten Nationen (UNO) der Welt einen Vorschlag für den Nahen Osten. Ein zentraler Punkt darin ist die Gründung des Staates Israel.

# Antisemitismus ohne Ende: Die Kehrseite der Erwählung

»Jude.«

»Jude.«

»Jude.«

Dem Thema Antisemitismus kannst du dich in einem ersten Schritt annähern, indem du versuchst, das Wort *Jude* ganz neutral auszusprechen. Langsam und bewusst. Probier's mal aus. Nimm danach ein Blatt Papier und schreib auf, welche Assoziationen und Gefühle du dabei hattest. Wir brauchen diese kleine Vorübung für später.

Dieses Kapitel ist ein schweres und trauriges Kapitel. Ich muss Dinge berichten, die entsetzlich sind. Was du hier zu lesen bekommst, wird Emotionen wecken. Es kann sein, dass du dich fragst, warum du dir das antun musst. Vielleicht entsteht auch das Gefühl, dass du dieses Kapitel überschlagen oder möglichst schnell hinter dich bringen willst. Ich bitte dich, das nicht zu tun. Wir finden nur dann in eine angemessene Haltung zu den Juden, wenn wir uns ihre Geschichte zu Herzen gehen lassen und ihr Leid teilen. Mitgefühl ist in der Bibel ein hoher Wert.[8] Mitgefühl ist ein Ausdruck von Menschlichkeit. Nichts braucht es mehr – nach allem, was an Unmenschlichem geschehen ist.

Das Leid, das die Juden erlitten haben, wurde ihnen oft von Christen zugefügt. Und von Deutschen. Vielleicht bist du Christ und Deutscher, und was du liest, erfüllt dich mit Scham. Das wäre ganz normal. Lass aber bitte nicht zu, dass du Schuldgefühle bekommst. Du bist nicht schuld. Alle Gräueltaten, die ich hier beschreibe, liegen in der Vergangenheit und wurden von anderen begangen. Nicht von dir und mir. Wir sind nicht schuld. Wir sollten uns aber fragen, was angesichts der Geschichte heute unsere Aufgabe ist – und ob unser Herz wirklich frei ist von judenfeindlichen Reflexen.

Das Thema Antisemitismus steht oft unter dem Verdacht, übertrieben zu werden. Deshalb stütze ich mich auf einen Wissenschaftler, der über jeden Zweifel erhaben ist: Peter Schäfer. Alle Zitate sind seinem Buch *Kurze Geschichte des Antisemitismus*[9] entnommen. Zum Begriff *Antisemitismus* gibt es eine ganze Debatte. Ich verwende diesen Begriff im Folgenden synonym für jegliche Form von Judenhass, ganz gleich, wann, wie und wo er aufgetreten ist.

Judenfeindschaft ist ein Menschheitsphänomen. Er findet sich weltweit und durchzieht die gesamte Geschichte. Das ist nur zu erklären, wenn man die geistliche Dimension miteinbezieht. Denn Judenfeindschaft richtet sich nicht nur gegen Juden. Sie richtet sich gegen Gott. Gegen den Gott Israels, deinen und meinen Gott. Deshalb sollten wir hier hellwach sein.

## Beginn in der Antike

Judenfeindlichkeit gibt es, seit es Israel, das Volk der Juden, gibt. Motive und Ausdrucksformen können sich ändern, aber eines zieht sich wie ein roter Faden durch: die Ablehnung der Juden. Kein anderes Volk hat weltweit und durch die ganze Geschichte hindurch so viel Ablehnung und Leid erlebt wie die Juden.

Judenfeindlichkeit beginnt schon im Alten Ägypten. Dort wird aus den zwölf Söhnen Jakobs ein großes Volk. Zu groß, wie der Pharao meint. Seine Gegenmaßnahme: Alle männlichen Babys sollen unmittelbar nach der Geburt getötet werden. Das Ziel ist es, Israel zu dezimieren. Ein grauenvoller Plan (2. Mose 1).

Im Perserreich des 4. Jahrhunderts v. Chr. ereignet sich etwas Ähnliches. Davon berichtet das Buch Esther. Haman, ein Großer am Königshof, fühlt sich durch Mordechai, einen einfachen Juden, beleidigt. Wie geht Haman damit um? Er rügt Mordechai nicht, er bestraft ihn nicht, er wirft ihn nicht ins Gefängnis und ermordet ihn nicht. All das würde ihm nicht genügen. Sein Plan: Er will das ganze Volk der Juden töten lassen, Tausende von Menschen. Die Juden entkommen diesem Plan mit knapper Not. Daraus entsteht das Purimfest, ein Freudenfest, das in Israel bis heute gefeiert wird. Das ist der erste Versuch, das Volk der Juden komplett auszurotten. Aber nicht der letzte.

Von der Radikalität der Römer im 1./2. Jahrhundert haben wir schon gehört. Sie führt dazu, dass Juden über das ganze römische Weltreich zerstreut werden. Und überall begegnet ihnen über kurz oder lang Hass. In dieser Zeit entsteht jedoch eine Form der Judenfeindlichkeit, die für die folgende Zeit bis hin zum Holocaust prägend sein wird: christlicher Judenhass. Das Wort christlich müsste man eigentlich in Anführungszeichen setzen, denn Judenhass kann niemals christlich sein. Christlich ist es, andere zu lieben, nicht zu hassen. In der Geschichte ist jedoch das Gegenteil der Fall: Juden erfahren von Christen in erster Linie Hass. Fast zweitausend Jahre lang. Viele Juden schließen daraus, dass dieser Jesus, an den die Christen glauben, sie abgrundtief hassen muss.

Die Wurzel christlicher Judenfeindlichkeit liegt in der sogenannten Ersatztheologie, die wir schon kennengelernt haben. Deren Kernaussage ist: Gott hat mit Israel Schluss gemacht und macht nun mit der Kirche Jesu weiter, Gott hat Israel durch die Christen ersetzt. Dies ist grundlegend falsch und unbiblisch. Deshalb geht auch Paulus dagegen vor (Römer 11). Leider ohne Erfolg.

Die Gedanken der Ersatztheologen gehen aber weiter. Sie sagen: »Gott hat mit Israel nicht nur Schluss gemacht, sondern Israel unter Gericht gestellt. Gott ist gegen Israel und bekämpft es. Gott hasst Israel und geht mit allen Mitteln gegen die Juden vor. Gott will Israel vernichten.« Das war über Jahrhunderte die Botschaft der Christen an die Juden. Klingt nicht gerade nach Evangelium, oder?

Diese fatale Lehre hat Folgen. Plötzlich scheint der eigene Judenhass gerechtfertigt zu sein. Man darf nun Juden hassen, ja man muss es sogar, will man ein guter Christ sein. Dazu kommt der Ärger, wenn sich Juden nicht zu Jesus bekehren lassen. Unterschwellig ist da vielleicht bei Christen die Angst, dass ihr eigener Glaube an Jesus doch nicht richtig sein könnte. Die Bekehrung der Juden wäre eine enorme Bestätigung für den christlichen Glauben. Doch gerade diese Bestätigung bleibt aus. *Die Juden stören, sie müssen weg,* denken viele Christen über lange Zeit. Aus dieser Wurzel entspringt all das Leid, das Juden von Christen erfahren.

Für den Kirchenvater Chrysostomos sind die Juden gar keine Menschen mehr, sondern Tiere, *nicht besser als Schweine und Böcke.* Ihre religiösen Bräuche *triefen von Schändlichkeit und*

*Lächerlichkeit, sind [Bräuche] von Quälern, von Verächtern, von Verdammten.* Chrysostomos sagt ganz offen, dass er die Juden hasst, weil sie, *obgleich im Besitz der Propheten, den Propheten nicht glauben, [...] was doch die Art von gewaltigen Frevlern ist* (Schäfer, 88). Das ist theologisch begründeter Judenhass.

Als im 4. Jahrhundert das Christentum im Römischen Reich Staatsreligion wird, gelangt es zu politischer Macht. Von da an werden die Juden zugleich im Namen Gottes wie auch im Namen des Staates diskriminiert, verfolgt, vertrieben, missbraucht, enteignet, drangsaliert und getötet. Jahrhundertelang.

Im 7. Jahrhundert entsteht eine dritte monotheistische Religion: der Islam. Der Islam erhebt den Anspruch, Christentum und Judentum abzulösen. Wer sich zum Islam wendet, wird freundlich aufgenommen. Wer sich weigert – und das tun Juden und Christen –, ist eine Person zweiter Klasse, es kommt sogar zu Vertreibungen, Mord und Totschlag. Es stimmt zwar, dass der Islam auch freundliche Töne gegenüber Juden und Christen (und anderen »Ungläubigen«) anschlägt. Aber es gibt im Koran eben auch krasse Aussagen. Zum Beispiel Sure 4,89: *Sie möchten gern, dass ihr ungläubig werdet, wie sie ungläubig sind, so dass ihr (alle) gleich seiet. Nehmt euch daher von ihnen keine Vertrauten, bevor sie nicht auf Allahs Weg auswandern! Kehren sie sich jedoch ab, dann ergreift sie und tötet sie, wo immer ihr sie findet.*[10]

Der Punkt ist, dass der Islam seit seiner Gründung die politische Weltherrschaft anstrebt. So hat Mohammed große Gebiete militärisch erobert und dort die neue Religion mit Gewalt eingeführt. Nicht umsonst bedeutet das Wort Islam auch Unterwerfung. Gläubige Muslime unterwerfen sich und andere Allah. Das kann auch mit Gewalt einhergehen, wie man heute am Dschihad, dem Heiligen Krieg radikaler Gruppen, sehen kann. Das bedeutet nicht, dass Muslime generell so ticken. Überhaupt nicht. Der islamistische Zweig des Islam aber tut dies bis heute. Gruppen wie die Hamas und Staaten wie der Iran wollen Israel auslöschen. So heißt es noch immer ganz offiziell in der Präambel der Hamas: *Israel existiert und wird weiter existieren, bis der Islam es ausgelöscht hat, so wie er schon andere Länder vorher ausgelöscht hat.*[11] Das ist kein Grund, islamophob zu werden. Wir sollten aber wachsam sein.

Damals müssen die Juden erleben, wie sich die Tochterreligionen Christentum und Islam, die sie gar nicht gründen wollten, gegen sie wenden. Nicht nur mit Worten, sondern auch mit politischer Macht. Heute stehen rund vierzehn Millionen Juden etwa vier Milliarden Christen und Muslimen gegenüber. Die Juden sind ein kleines Völkchen, doch noch immer stoßen sich viele an ihm.

## Blutspur im Mittelalter

Schauen wir uns Europa im Mittelalter an. Den Juden geht es nie wirklich gut im christlichen Abendland. Über lange Strecken werden sie höchstens geduldet. Von früher Zeit an haben sie eine Sondersteuer zu zahlen, die Judensteuer, und seit dem IV. Laterankonzil 1215 müssen sie in der Öffentlichkeit Kennzeichen tragen, die sie als Juden ausweisen. Das ist Stigmatisierung in Reinkultur. Ziel ist es, die Vermischung von Juden und Christen zu vermeiden.

Das Mittelalter hindurch gilt die sogenannte Kammerknechtschaft. Mit ihr werden die Juden zum Besitz des Kaisers erklärt. Dadurch kommen sie zwar unter kaiserlichen Schutz, müssen diesen aber auch teuer bezahlen. Einzelne Juden können sich auf diese Weise hocharbeiten und hohe Positionen erlangen, andere aber können sich den Schutz nicht leisten, enden als verarmtes Betteljudentum und werden daraufhin vertrieben.

Die Kreuzzüge stellen eine Zäsur dar. Es ist, als wäre die Büchse der Pandora geöffnet worden. Denn seither gehört rohe Gewalt von Christen an Juden zur Tagesordnung. Die Kreuzzüge haben das Ziel, Palästina von den Muslimen zu »befreien«. Da fällt der Blick auf die Juden. Der Gedanke kommt auf, dass man doch mit ihnen beginnen sollte, bevor man es im fernen Palästina tut. Also schreitet man zur Tat. Hier nur ein Beispiel:

> Der nichtswürdige Rudolf, ein Mönch, verfolgte schmählich Israel; er stand gegen Gottes Volk auf, um, wie der Bösewicht Haman, sie zu vertilgen, zu erwürgen und zu vernichten. Aus dem Lande Frankreich kommend zog er durch ganz Deutschland […], um Christen anzuwerben, […] indem er sprach: »Rächet den Gekreuzigten zuerst an seinen Feinden, die sich bei euch befinden, und dann zieht zum Kriege gegen die Ismaeliten!«
>
> *Schäfer, 140*

Auch wenn du den Begriff Pogrom vermutlich im Zusammenhang mit der Naziherrschaft kennst – Pogrome, also gewalttätige Ausschreitungen, häufen sich schon nach dem ersten Kreuzzug 1095 und finden kein Ende mehr. Überall gibt es Massaker und Gewaltexzesse. Nicht selten werden jüdische Frauen, Alte und Kinder in Synagogen gesperrt und verbrannt. Manchmal werden dabei Choräle gesungen. Die Kreuzzüge werden zu einer Blutspur, jüdische Gemeinden in weiten Teilen vernichtet. Vor die Wahl gestellt, sich taufen zu lassen oder zu sterben, wählen viele Juden den Tod. Oft sogar den Freitod. So bleiben sie ihrem Gott und ihrem Glauben treu. Für die Juden nimmt Jesus Christus die Fratze des Teufels an. Nichts ist gefährlicher für sie als Jesus. Welch ungeheure Schuld hat die Christenheit damals auf sich geladen!

Im Mittelalter werden die absurdesten Ideen entwickelt, die leider bis heute das Judenbild prägen. Ab jener Zeit sind die Juden »die Bösen«. Lügengeschichten entstehen und finden ungeheuer schnell Verbreitung. Juden würden, so heißt es, Hostien schänden und das Blut von Christenkindern trinken. Sie würden Brunnen vergiften, um so die Pest auszulösen. Diese Geschichten sind völlig irrational, entfalten aber eine starke Wirkung. Auffällig ist, dass man ihnen weder mit der Wahrheit noch mit rationalen Argumenten beikommen kann. Juden werden verteufelt, dämonisiert, entmenschlicht. Man sieht sie als reich, arrogant, hinterhältig und böse an und bildet sich ein, in Gefahr zu sein.

Du kennst das vielleicht selbst: Wenn man etwas nur oft genug hört, glaubt man, dass doch etwas dran sein muss. Dabei sind die Juden Menschen wie du und ich. Nicht besser und nicht schlechter. Ganz normale Menschen eben.

Die Zeiten werden nicht besser. Im 13. Jahrhundert werden in Frankreich jüdische Bücher verbrannt, schätzungsweise zwanzig bis vierundzwanzig Wagenladungen voll (Schäfer, 148). Das ist in Zeiten vor dem Buchdruck eine ungeheure Menge. Um die christliche Abscheu deutlich zu zeigen, werden an vielen Kirchen sogenannte Judensäue angebracht: Schweineskulpturen. Sie stehen für den angeblich dreckigen Talmud. Die Juden trinken an den Zitzen oder fressen den Kot dieser Judensäue.

Kommt dir auch da etwas bekannt vor? Die Nazis haben die Begriffe *Judenschwein* oder *Saujude* nicht erfunden. Sie sind über Jahrhunderte weitergegeben worden. Bis heute gibt es tatsächlich Judensäue an mehr als dreißig Kirchen in Deutschland (Schäfer, 153). Natürlich geht man auf Distanz zu ihnen – aber man nimmt sie nicht ab.

Im Mittelalter gibt es systematische Vertreibungen aus England (im Jahr 1290 n. Chr.), aus Frankreich (1394/1498) und aus

Spanien (1492/96). Die Juden werden flächendeckend ausgewiesen und müssen fliehen. Sie müssen alles zurücklassen, ihr Besitz wird beschlagnahmt. Sie können nicht »nach Hause« gehen, denn die Länder, aus denen sie vertrieben werden, sind ihr Zuhause. Ein anderes haben sie nicht. Sie machen sich in der Hoffnung auf, in irgendeinem anderen Land oder Fürstentum aufgenommen zu werden. Wo dies der Fall ist, lassen sie sich nieder. Bis sie wieder vertrieben werden.

Einer der schlimmsten und einflussreichsten Judenfeinde ist leider der Reformator Martin Luther. Anfänglich äußert er sich noch freundlich. Luther hat die Hoffnung, durch die Predigt des Evangeliums die Juden zu erreichen. Das gelingt nicht. Luther kippt zurück in den alten Antisemitismus. Er fordert die deutschen Fürsten zum Handeln auf. Juden sollen zur Zwangsarbeit verpflichtet werden. Synagogen und Wohnhäuser sind zu verbrennen. Die Juden sollen in Ställen untergebracht werden, »damit sie wissen, sie seien nicht Herren in unserem Lande«. Religiöse Schriften sollen, wenn es nach Luther geht, eingezogen werden, Rabbinern muss das Lehren verboten werden. Jüdische Gottesdienste sind zu untersagen, denn sie sind »ganz und gar Gotteslästerung, Fluchen, Abgötterei«. Die Juden sind als vogelfrei zu erklären. Wenn all das nichts hilft, müssen die Juden enteignet und für immer aus dem Land vertrieben werden, so will es Luther (Schäfer, 179 und 180).

Luther, der Mann des Evangeliums, trägt somit wesentlich dazu bei, dass der mittelalterliche Antisemitismus mit der Reformation in die Neuzeit überführt wird. Später werden die Nazis sich auf Luther berufen und reklamieren, dass sie nur konsequent zu Ende führen, was bereits der große Reformator gefordert hat. Die Kirche ist wie gelähmt und lässt Adolf Hitler gewähren.

## Holocaust in der Neuzeit

Wenn du in Geschichte aufgepasst hast, dann hoffst du vielleicht, jetzt aufatmen zu können. *Sicher wird*, so denkt man, *mit der Aufklärung alles anders. Die Aufklärung fordert doch Freiheit und Gleichheit. Sie baut auf die Vernunft, hält den Humanismus hoch und schneidet alte Zöpfe ab.*

Doch weit gefehlt. Es geht weiter wie eh und je. Das Judentum wird nun als ein Faktor gesehen, der gegen die Aufklärung ist. Dort herrschten, so glaubt man, Aberglaube, Fanatismus und Irrationalität. Ferner seien die Juden minderwertig. So sagt der berühmte Voltaire:

> Schließlich wird man in ihnen [den Juden] nur ein unwissendes und barbarisches Volk finden, das schon seit langer Zeit die schmutzigste Habsucht mit dem verabscheuungswürdigsten Aberglauben und dem unüberwindlichsten Hass gegenüber allen Völkern verbindet, die sie dulden und an denen sie sich bereichern. Jedoch, man soll sie nicht verbrennen.
>
> *Schäfer, 189*

Wie großzügig, sie nicht zu verbrennen! Dennoch gibt es ab dem 18. Jahrhundert erstmals grundlegende Fortschritte, die teilweise bis zu einer Gleichberechtigung der Juden führen.

Ab dem 19. Jahrhundert entsteht der Rasse-Antisemitismus. Judenfeindlichkeit wird nun nicht mehr theologisch begründet, sondern rassisch. Man behauptet, die Juden seien von Natur aus schlecht – eine genetische Fehlentwicklung der Menschheit. In dieser Zeit entsteht auch ein ausgeprägter Nationalismus. Die arische bzw. germanische Rasse wird als überlegen angesehen, die semitische Rasse als minderwertig. Die Juden erscheinen als Gefahr. Man hält sie für Schmarotzer, die das Deutsche Reich zunächst aussaugen, um es am Ende zu vernichten. Eine einflussreiche Schrift sind die *Protokolle der Weisen von Zion*. Darin werden angebliche Pläne des Judentums vorgestellt, die Weltherrschaft zu übernehmen.

All das ist absurd und frei erfunden, kursiert aber in ganz Europa, Russland und heute vor allem in der islamischen Welt. Diese abstrusen Gedankengebäude wird ein Hitler später gar nicht erfinden müssen. Er übernimmt sie einfach und verbreitet sie in seinem Werk *Mein Kampf* mit einer Auflage von zehn Millionen.

Den fatalen Höhepunkt der antisemitischen Geschichte Europas bildet der Holocaust (jüdisch: die *Schoah*, übersetzt: die Katastrophe). Hitler glaubt, Deutschland sei auserkoren, die Welt vom Judentum zu befreien. Ein für alle Mal und endgültig. Der Endkampf der arischen Rasse gegen die jüdische Weltherrschaft könne nirgendwo anders stattfinden als in Deutschland. Diesen Kampf sieht Hitler als seinen Auftrag an. Im Holocaust werden ungefähr sechs Millionen Juden ermordet, darunter anderthalb Millionen Kinder. Die Ermordung wird mit generalstabsmäßiger Genauigkeit geplant und industriell durchgeführt.

Adolf Hitler spricht nicht umsonst von der »Endlösung der Judenfrage«. Neben dem, dass er jeden Juden vernichten will, heißt das, dass alles Jüdische ausgemerzt und jegliche Erinnerung ausgelöscht werden soll.

## Antisemitismus heute

Die Lage ist heute grundlegend anders – aber auch nicht. Man sollte meinen, der Holocaust hätte solch ein Erschrecken ausgelöst, dass man gemeinsam gegen den Antisemitismus vorginge. Privat und gesellschaftlich.

Tatsächlich gehen die meisten aber zur Tagesordnung über und tun so, als sei nichts gewesen. Sicher, der Holocaust war ein »Fehler« und darf sich nicht wiederholen. Gedenkstätten werden aufgebaut und Aufarbeitung geschieht, das darf man nicht gering schätzen. Gleichzeitig ist es erschreckend, was sich gehalten hat. Ein Detail: Bis heute wird Hitler laut Wikipedia in den Ehrenbürgerlisten einiger deutscher Städte geführt.[12]

Bei aller Aufarbeitung fehlt meiner Ansicht nach doch eines: eine Erschütterung der Herzen, die in großer Breite zu tiefer Umkehr, Gesinnungsänderung und zu konkreten Konsequenzen führt. Doch die Änderung der Gesinnung und der Einstellung den Juden gegenüber hält sich auffallend in Grenzen. Viele halten den Holocaust zwar für tragisch, mehr aber auch nicht. Das greift zu kurz, wie man heute wieder neu sehen kann.

Noch immer hat eine Milliarde Menschen weltweit eine latent oder offen antisemitische Gesinnung unterschiedlicher Stärke. Das ist das Ergebnis der Studie ADL Global 100 der *Anti-Defamation League* aus dem Jahr 2014. Das betrifft auch Deutschland und so haben Bund und Länder im Jahr 2018 beschlossen, Antisemitismusbeauftragte einzusetzen.

2021 wurden laut Bundesinnenministerium 3028 antisemitische Straftaten begangen und das ist nur die Spitze des Eisbergs. Falls du Antisemitismus einmal ganz hautnah erfahren willst, setze dir eine Kippa, also die flache jüdische Kopfbedeckung, auf und bewege dich einen Tag lang durch eine deutsche Stadt. Solltest du nicht angepöbelt werden, dann kannst du dennoch Feindschaft und Ablehnung spüren. Sie manifestieren sich, das weiß ich aus eigener Erfahrung. Mein guter Freund und Reiseleiter in Israel, Schmuel Kahn, ist ein orthodoxer Jude. Wenn er nach Europa reist, dann immer mit Hut – über der Kippa. Das ist vom jüdischen Glauben her erlaubt, denn die Kippa ist kein Bekenntnissymbol. Man darf sie also bedecken. Wie kann es sein, dass so etwas nötig ist?

Judenfeindlichkeit gibt es auch auf der großen internationalen Bühne. Über die Hälfte aller Resolutionen der Vereinten Nationen (UN) richtet sich Jahr für Jahr gegen Israel, während verbrecherische Regimes ungeschoren davonkommen.[13] Hier werden die Vereinten Nationen als antisemitische Plattform missbraucht.

Zu erwähnen ist auch die BDS-Bewegung. BDS steht für Boykott, Desinvestment und Sanktionen (der vierte und letzte Schritt wäre dann ein militärisches Vorgehen). Vertreter dieser Bewegung meinen, die Welt müsse Israel mit allen Mitteln in die Knie zwingen, damit endlich der Nahostkonflikt gelöst wird. Hier wird Israel alle Schuld gegeben und die Täterrolle aufgezwungen. Abgesehen davon, dass dieses einseitige Bild nicht der Wirklichkeit entspricht, kann man so auf keinen Fall zu einer Lösung finden.

Judenfeindschaft tritt heute oft als Antiisraelismus auf. In dieser Form ist er auch in intellektuellen Kreisen weit verbreitet und äußert sich als Israelkritik. Vielleicht fragst du jetzt: »Darf man Israel denn nicht kritisieren?« Natürlich darf man das. Die Frage ist aber immer, welche Absicht dahintersteht. Oft erlebe ich Menschen, die Israel – immerhin eine solide Demokratie westlichen Zuschnitts – kritisieren, sich aber wenig für so viele Unrechtsstaaten unserer Tage interessieren. Nebenbei bemerkt: Nur für Israel gibt es ein eigenes Wort: Israelkritik. Chinakritik, Syrienkritik oder Russlandkritik gibt es nicht. An solchen Stellen beginnt der Antisemitismus.

**Antisemitismus**

Diese vier A's fassen die Kernpunkte gut zusammen:
**Antisemitismus:** Feindschaft gegen die Juden
**Antijudaismus:** Verachtung des Judentums (im Christentum noch weit verbreitet)
**Antizionismus:** Ablehnung der Rückkehr der Juden zum Zion, also im weiteren Sinne der Rückkehr ins Land Israel
**Antiisraelismus:** Feindschaft gegen den Staat Israel (dazu gehören BDS und viele muslimische Nationen)

Diese drei D's gelten als Merkmale von Antisemitismus:
**Dämonisierung:** Die Juden werden unter anderem als verschwörerisch, habgierig oder gar teuflisch bezeichnet. Sie werden als Verkörperung des Bösen gesehen.
**Delegitimation:** Den Juden und vor allem dem Staat Israel wird das Existenzrecht abgesprochen. Das kann in Gedanken sein (»Wenn es nur die Juden nicht gäbe …«) oder offen ausgesprochen werden. Dazu gehört auch, Maßnahmen zu fordern, die für den jüdischen Staat Israel das Ende bedeuten würden.
**Doppelte Standards:** Von Juden wird mehr erwartet als von anderen. An Israel werden höhere Maßstäbe angelegt als an andere Nationen.

Judenfeindschaft ist eine Frage der Haltung und der Einstellung. Die ganze judenfeindliche Gedanken-, Gefühls- und Überzeugungswelt der Geschichte ist antisemitisch. Diese Welt ist in der einen oder anderen Form in vielen Menschen noch heute lebendig. Manchmal ganz unbewusst.

Nimm doch nochmals das Blatt zur Hand, auf dem du dir zu Beginn Notizen gemacht hast, und denke in Ruhe darüber nach, was du dort aufgeschrieben hast. Und falls du den Wunsch verspürst zu beten, dann bete. Gott freut sich, wenn du zu ihm kommst.

## Wie es weitergeht

Vielleicht müsste es hier besser heißen: Wie es eigentlich weitergehen sollte.

Denn so kann und darf es nicht weitergehen. Die Bibel nennt für alle Sünden der Menschen eine einzige Generalmaßnahme: Umkehr. Hinter einer Umkehr stehen die Einsicht, dass man in der falschen Richtung unterwegs war, und der Wille, dies zu korrigieren. Das ist wie mit der S-Bahn. Wenn du die falsche Bahn genommen hast, steigst du an der nächsten Station aus und fährst zurück. Ist ja klar, oder?

Umkehr heißt also: das Gegenteil tun. Konkret: Juden lieben, wertschätzen, unterstützen, annehmen, gerecht behandeln, ihnen menschlich begegnen und sie nicht primär als Juden sehen, sondern als Mitmenschen. Einfühlungsvermögen hilft dabei enorm, denn die Geschichte war hart und die aktuelle Situation ist schwierig. Verantwortungsgefühl ist wichtig, denn jede Generation muss neu fragen, was angesichts der Geschichte ihr Auftrag ist.

Vielleicht bist du verunsichert, wie du Juden begegnen sollst. Das ist eigentlich ganz einfach. Juden wünschen sich das, was sich jeder wünscht. Es reicht, nach der Goldenen Regel zu leben, die Jesus uns mitgegeben hat: *Geht so mit anderen um, wie die anderen mit euch umgehen sollen* (Matthäus 7,12). Privat und in aller Öffentlichkeit.

# Aufbau und Wiederherstellung

5. Teil

# Das 20. Jahrhundert: Globale Umbrüche und Israels Auferstehung

Das 20. Jahrhundert ist eine Zeit der Umbrüche. Zwei Weltkriege verändern die Welt für immer. Der Holocaust findet statt. Er kostet Millionen Juden das Leben. Aus diesen Umbrüchen heraus wird der Staat Israel neu geboren. Nach 1 800 Jahren in der Diaspora kehren die Juden zurück in ihr Land. Dies ist ein Wunder der Geschichte, zugleich aber auch der Beginn des Nahostkonflikts. Trotz aller Schwierigkeiten überwiegt bei den Juden die Freude. Denn was viele nicht mehr zu träumen wagten, ist plötzlich Realität: Israel lebt.[14]

## Neusortierung im Nahen Osten

Der Erste Weltkrieg führt im Nahen Osten zu einem Umbruch. Das Osmanische Reich, das den Nahen Osten über vierhundert Jahre lang beherrschte, bricht zusammen. Es kommt zu einer territorialen Neuordnung, bei der verschiedene Nationalstaaten gegründet werden. Das Gebiet des alten Israel, das die Römer in Palästina umbenannt haben, fällt in die Hand der Briten und

Franzosen und muss neu geordnet werden. In Großbritannien gibt es christliche Politiker, die erkennen, dass nun die einzigartige Chance entstanden ist, den Staat Israel wieder zu gründen. Das politische Klima ist günstig und sie haben Erfolg. Am 2. November 1917 verkündet der britische Außenminister Lord Balfour in der sogenannten Balfour-Erklärung dem bekannten Zionisten Baron Rothschild, dass Großbritannien die Gründung einer *nationalen Heimstätte für das jüdische Volk* unterstützen wird.[15] Das ist eine Sensation! Aber Großbritannien hat auch eigene Interessen im Blick. Diese Gemengelage wird sich später als verhängnisvoll erweisen.

● Britisches Mandatsgebiet – Palästina 1920

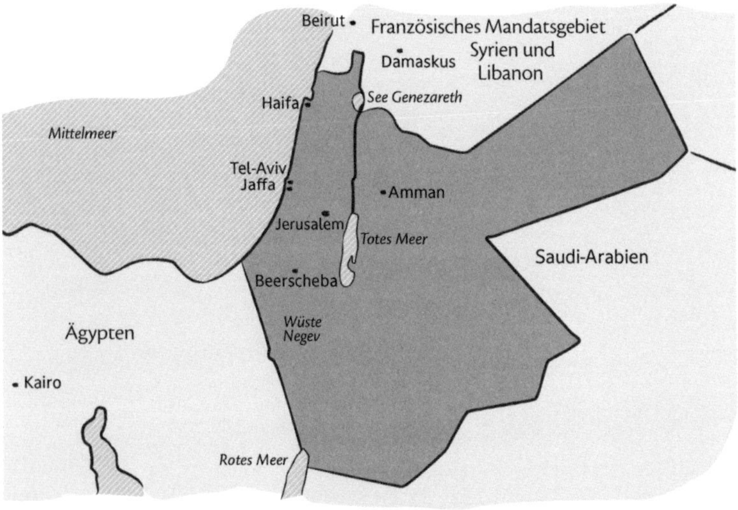


Das britische Palästinamandat des Völkerbundes nach der Neuordnung des Nahen Ostens in Folge des 1. Weltkriegs: Das geplante Gebiet für eine nationale Heimstätte für das jüdische Volk.

Die Balfour-Erklärung erhält 1920 in San Remo die Zustimmung des Obersten Rates der Alliierten. Sie wird damit völkerrechtlich verbindlich. 1922 erteilt der Völkerbund (die Vorläuferorganisation der UN) Großbritannien das Mandat, die Balfour-Erklärung umzusetzen. Nun haben die Briten den Auftrag, eine nationale Heimstätte für das jüdische Volk in Palästina zu errichten. Die Balfour-Erklärung und das Völkerbundmandat bilden seither (geschützt durch Artikel 80 der UN-Charta) die völkerrechtliche Grundlage Israels. Daran hat sich bis heute nichts geändert.

● Britisches Mandatsgebiet – seit 1921

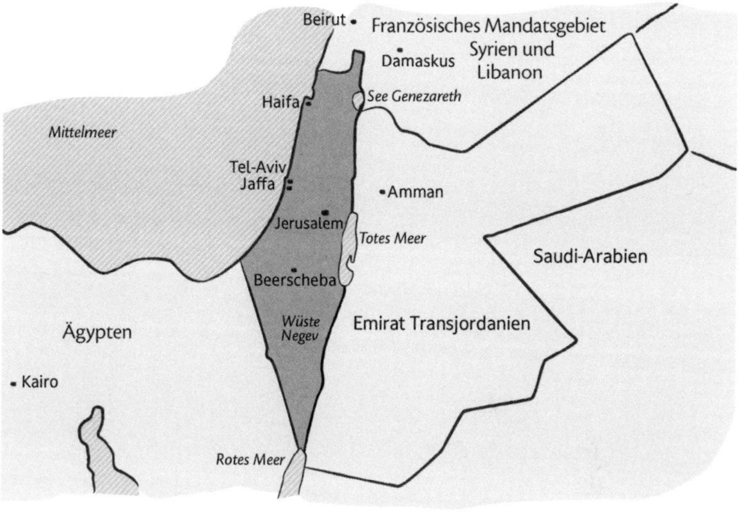


Gravierende Verkleinerung des Gebiets für den jüdischen Staat: Die Briten gründen östlich des Jordans das Emirat Transjordanien, einen arabisch-palästinensischen Staat – die »erste Teilung Palästinas«.

Aufgrund politischen Kalküls trennt Großbritannien 77 Prozent des Mandatsgebiets eigenmächtig ab. Daraus entsteht das Emirat Transjordanien (heutiges Jordanien), ein Staat für die arabische Bevölkerung jener Region. Für Israel bleibt nur noch das Land zwischen Mittelmeer und Jordan. Ein kleines Land, aber im Grunde das Land der Bibel.

Mit der Balfour-Erklärung gewinnt die jüdische Einwanderung, die bereits 1882 eingesetzt hat, an Dynamik. Juden verlassen ihre Länder, ziehen nach Palästina, kaufen den Besitzern Land ab und lassen sich nieder. Das Land, das vorher weitgehend öde und kaum besiedelt war, blüht auf und so wandern auch viele Araber zu. Zu Beginn läuft alles recht friedlich. Dann aber entstehen Spannungen und es kommt zu gewalttätigen Auseinandersetzungen. Bereits in dieser Phase zwischen den beiden Weltkriegen keimt der Konflikt auf, der später zum sogenannten Nahostkonflikt wird und bis heute die Welt in Atem hält. Großbritannien bekommt diesen Konflikt nicht in den Griff und will sein Mandat zurückgeben. Nun müssen die Vereinten Nationen handeln.

## Ein Staat wird gegründet

Nachdem Großbritannien 1922 das Mandatsgebiet bereits geteilt hatte, schlagen die Vereinten Nationen 1947 erneut einen Teilungsplan vor. Er sieht ungefähr so aus wie alle Teilungspläne der Folgezeit.[16]

Das ist zum Leben zu wenig, zum Sterben zu viel und im Kriegsfall kaum zu verteidigen. Aber Israel stimmt zu. Zu groß ist die Hoffnung, endlich wieder ein Volk im eigenen Land mit einer eigenen Identität sein zu können. Die Araber (Palästinenser gab es damals noch nicht) lehnen ab.

Dies ist ein typisches Muster für alle weiteren Verhandlungen. In der Regel ist Israel kompromissbereit und die Araber/Palästinenser lehnen ab. Das eklatanteste Beispiel stammt aus dem Jahr 2000. Unter US-amerikanischer Vermittlung ist Ministerpräsident Barak bereit, 97 Prozent des Westjordanlands (Westbank) den Palästinensern zu überlassen. Er erklärt sich einverstanden, Jerusalem zu teilen, den Tempelberg palästinensischer Souveränität zu unterstellen und die palästinensischen Flüchtlinge zurückkehren zu lassen. Damit geht Barak ein enormes Risiko ein. Er bewegt sich an der Grenze zur Selbstaufgabe und hat wohl kaum die Mehrheit der Israelis hinter sich. Aber er ist bereit.

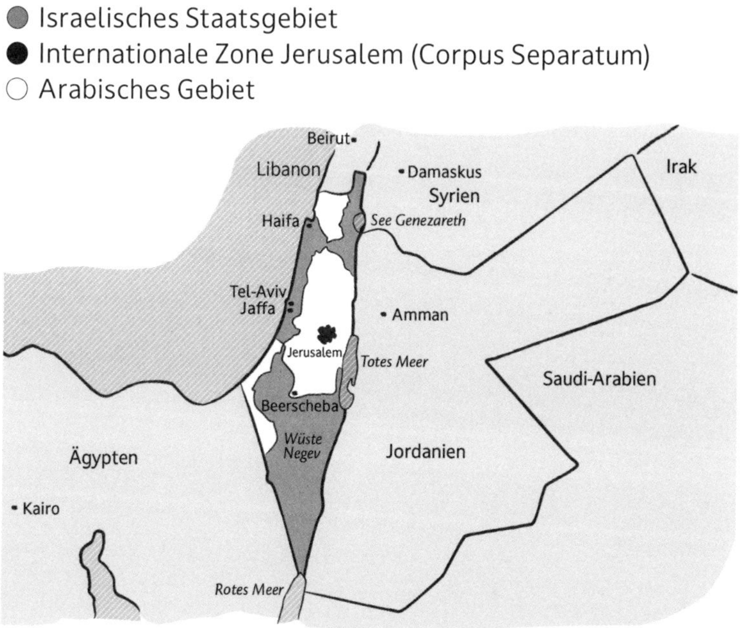


Der UN-Teilungsplan von 1947 (nicht verwirklicht): Weitere Verkleinerung des Gebiets für Israel. Die Juden stimmen zu, die arabische Seite lehnt ab.

Die Palästinenser lehnen ab. Hier wird eines deutlich: Es geht den Palästinensern – zumindest den Machthabern und Radikalen – weder um eine gemeinsame Lösung noch um einen eigenen Staat. Sie wollen Israel loswerden. Wie aber soll man mit jemandem gute Nachbarschaft pflegen, der einem das Existenzrecht verweigert?

Der Teilungsvorschlag der UN 1947 scheitert, denn nur Israel stimmt zu. Damit ist dieser Vorschlag vom Tisch. Am 14. Mai 1948 erlischt das UN-Mandat und die Briten verlassen das Land.

Um Punkt 16 Uhr ruft David Ben-Gurion den Staat Israel aus und verliest die Unabhängigkeitserklärung. Sie endet mit den Worten:

> Der Staat Israel wird bereit sein, mit den Organen und Vertretern der Vereinten Nationen zusammenzuwirken, und sich um die Herstellung der gesamtpalästinensischen Wirtschaftseinheit bemühen. Wir wenden uns – selbst inmitten mörderischer Angriffe, denen wir seit Monaten ausgesetzt sind – an die in Israel lebenden Araber mit dem Aufruf, den Frieden zu wahren und sich aufgrund voller bürgerlicher Gleichberechtigung und entsprechender Vertretung in allen Organen des Staates an seinem Aufbau zu beteiligen. Wir bieten allen unseren Nachbarstaaten und ihren Völkern die Hand zum Frieden und guter Nachbarschaft. Unser Ruf ergeht an das jüdische Volk in allen Ländern der Diaspora, uns im Streben nach der Erfüllung des Traumes von Generationen – der Erlösung Israels – beizustehen. Mit Zuversicht auf den Fels Israels setzen wir unsere Namen zum Zeugnis unter diese Erklärung. Heute, am Vorabend des Sabbat, dem 5. Ijar 5708, 14. Mai 1948.[17]

Die Araber lassen die Möglichkeit, einen Staat zu gründen, verstreichen. Die Staatsgründung Israels aber, die letztlich überraschend kommt, ist für sie *Nakba, also eine Katastrophe.* Israel darf es nicht geben. Deshalb greifen wenige Stunden nach der Staatsgründung fünf arabische Nachbarländer (Ägypten, Syrien, Libanon, Jordanien und Irak) den frisch geborenen Staat Israel an. Der Generalsekretär der Arabischen Liga, Azzam Pascha, nennt das Ziel dieses Angriffs unverfroren beim Namen: *Es wird ein Ausrottungskrieg und ein gewaltiges Blutbad sein, von dem man einst sprechen wird wie von den Blutbädern der Mongolen und der Kreuzzüge.*[18] Dass Israel diesen Krieg gewinnt, gleicht einem Wunder. Allerdings gelingt es Jordanien, Judäa und Samaria (das Westjordanland) und den Ostteil Jerusalems zu besetzen. Ägypten besetzt den Gazastreifen.

Wenn du verstehen willst, was den Juden ihr Staat bedeutet, musst du dich ein wenig in sie hineinversetzen. Denke an die Verheißungen der Bibel, an den alten Traum der Rückkehr in die Heimat, an die schrecklichen Zeiten in der Diaspora und an den Holocaust. Der Staat Israel ist für die Juden ein Zufluchtsort. Jeder Jude weltweit weiß: *Wenn es kritisch wird, kann ich nach Israel.* Für gläubige Juden geht Gottes Versprechen in Erfüllung, dass er eines Tages sein Volk in sein Land zurückholen wird. Und für die meisten Heimkehrer bedeutet Israel, nicht mehr in der Fremde leben zu müssen, sondern wieder selbst Nation – ein Volk im eigenen Land – sein zu dürfen.[19]

All das geht sehr tief. Deshalb sind die Juden auch bereit, ihr Land zu verteidigen. Israel investiert jedes Jahr sieben bis zehn Prozent des Bruttonationaleinkommens in die IDF, die israelischen Verteidigungsstreitkräfte. Das ist weltweit der höchste Wert pro Kopf. Die Männer leisten drei Jahre Wehrdienst, die Frauen zwei Jahre. Das ist der Preis. Ihr Motto ist: Nie wieder Unterdrückung, Verfolgung und Vernichtung. Das kann man verstehen, oder?

Israel ist geopolitisch von nicht zu unterschätzender Bedeutung. Es repräsentiert westliche Wertekonzepte wie Freiheit und Demokratie im Nahen Osten und dient als Bollwerk gegen den Islamismus und andere Bedrohungen aus dem Osten. Deshalb unterstützen die USA Israel finanziell und militärisch. In Israel begegnen sich Europa, Afrika und Asien. Damit kann Israel eine Schlüsselposition einnehmen. Aufgrund der Geschichte haben Deutschland und Israel eine besondere Beziehung. Für Deutschland ist das Existenzrecht Israels laut Altbundeskanzlerin Angela Merkel »Staatsräson«.

Diese Überzeugung teilen bis heute die meisten führenden Politiker in Deutschland.

**Holocaust und Staatsgründung: Christliche Reaktionen**

Der Holocaust und die Staatsgründung Israels sind zwei wesentliche geschichtliche Ereignisse. In der Christenheit reagiert man darauf auf zweierlei Weise. Auf der einen Seite wächst eine Israelbewegung heran, die inzwischen die ganze Welt umspannt. Diese Christen erkennen, dass die Wiederherstellung Israels in der Bibel versprochen ist und nun begonnen hat.[20] Sie sehen es als ihren Auftrag an, Israel zu unterstützen. Auf der anderen Seite entsteht eine theologische Bewegung: die Theologie nach Auschwitz. Theologen fragen sich, welche theologischen Gründe es gibt, dass die Christenheit Hitler weithin gewähren ließ. Einer der wichtigsten Gründe ist die weitverbreitete Ansicht, Gott habe Israel verworfen, unter Gericht gestellt und seinen Feinden preisgegeben. Damit wurde zum Teil sogar der Holocaust theologisch gerechtfertigt. Heute sieht man klarer: Israel ist noch immer das Bundesvolk Gottes und die Verbrechen der Nazis waren eindeutig gegen Gott und seinen Willen.

## Konflikte und Friedensverträge

Der Unabhängigkeitskrieg 1948 hat enorme Folgen. Große Flüchtlingsströme setzen sich in Bewegung. Es fliehen Araber vor den Juden, obwohl für sie eigentlich keine große Gefahr besteht, und

Juden vor den Arabern. Jeweils zwischen 600 000 und 700 000 Menschen. Viele arabische Flüchtlinge verlassen ihre Dörfer und Städte nur pro forma. Sie glauben ihren Führern, die fest von einem Sieg und der baldigen Rückkehr ausgehen – eine Fehleinschätzung.

Israel nimmt die aus den Nachbarländern geflüchteten Juden auf. Das ist eine ungeheure Leistung für so ein kleines Land. Die arabischen Flüchtlinge hingegen sind in den Nachbarländern wenig willkommen. Abgesehen von Jordanien werden sie nirgendwo integriert, sondern in Flüchtlingscamps untergebracht. Diese Camps entwickeln sich im Lauf der Zeit zu richtigen Städten. Doch haben sie noch immer den Status von Flüchtlingscamps und die Menschen den von Flüchtlingen.

Der Flüchtlingsstatus wird so geschickt genutzt, dass er auf die folgenden Generationen übertragen wird. Das ist weltweit ein einzigartiger Vorgang. Die Folge ist, dass es heute »Flüchtlinge« in der dritten oder gar vierten Generation und in Millionenanzahl gibt – Tendenz steigend. Diese Flüchtlinge haben sogar ein eigenes UN-Hilfswerk, die sogenannte UNRWA. Dieses Hilfswerk ist ausschließlich für die »Palästinaflüchtlinge« da. Das zweite UN-Hilfswerk dient allen anderen Flüchtlingen – weltweit wohlgemerkt. Die Flüchtlinge werden als Druckmittel gegen Israel instrumentalisiert. Von jeher wird in Verhandlungen die Forderung gestellt, dass Israel den Flüchtlingen ein Rückkehrrecht einräumen müsse. Bei inzwischen fünf Millionen wäre das das Ende Israels.

Mit dem vererbbaren Flüchtlingsstatus hat die Welt ein unlösbares Problem geschaffen. Vergleichen kann man das vielleicht mit dem Zweiten Weltkrieg. Damals flohen 2,5 Millionen Menschen aus dem Sudetenland nach Deutschland. Stell dir nur mal vor, man hätte sie und ihre Nachkommen all die Jahre in Flüchtlingscamps festgehalten. Das wäre eine Katastrophe. Genau diese Katastrophe haben wir in Nahost.

**Die Palästinenser**

Die Palästinenser sind eigentlich Araber. Ein palästinensisches Volk oder einen Staat Palästina gab es nie. Araber sind im ganzen Nahen und Mittleren Osten beheimatet. Erst seit ca. fünfzig Jahren entwickeln die israelischen Araber eine eigene Identität und sehen sich mehr und mehr als Volk der Palästinenser. Diese Entwicklung geht maßgeblich auf Jassir Arafat zurück, der über lange Jahre Chef der PLO, der Palästinensischen Befreiungsorganisation, war. Das Ziel der PLO ist die Befreiung Palästinas von den Juden. Wenn es Israel nicht mehr gibt, ist der Weg frei, einen Staat Palästina für das neu gegründete Volk der Palästinenser zu schaffen. Das ist der Plan. Die Mehrheit der heutigen Palästinenser lebt in Jordanien, sodass man Jordanien fast schon als »Palästinenserstaat« bezeichnen könnte. Zu diesem Zweck, einen Staat für die Araber zu haben, ist Jordanien von den Briten ja auch geschaffen worden.

Nach dem Unabhängigkeitskrieg 1948 kommt es zu zwei weiteren Kriegen, die in die Geschichtsbücher eingehen: zum Sechstagekrieg 1967 und zum Jom-Kippur-Krieg 1973.

1967 planen die Araber, Israel auszulöschen, und rufen: »Werft die Juden ins Meer!« Israel holt zu einem Präventivschlag aus und überrennt regelrecht seine Feinde. Es erobert in sechs Tagen den Gazastreifen, das Westjordanland, die Golanhöhen, den Sinai und Ost-Jerusalem.

Die arabische Welt reagiert mit der Resolution von Khartum. Bekannt werden die drei Nein dieser Resolution:

- NO peace with Israel – kein Frieden mit Israel.
- NO recognition of Israel – keine Anerkennung Israels.
- NO negotiations with Israel – keine Verhandlungen mit Israel.

Die UN wiederum reagieren mit der Resolution 242 des Sicherheitsrats, die grundlegend für alle weiteren Verhandlungen werden wird. Von Israel wird der Rückzug *aus besetzten Gebieten* verlangt (nicht aus allen). Dies allerdings erst, wenn Israel *frei von Bedrohung und Gewalt* leben kann. Das eine bedingt das andere, doch hat sich bis heute kein Weg gefunden, dies zu realisieren.

Am 6. Oktober 1973, an Jom Kippur, dem heiligsten Tag im jüdischen Kalender, attackieren Ägypten und Syrien Israel. Das Land befindet sich komplett im Ruhemodus und wird völlig überrascht. Obwohl Israel anfänglich Verluste erleidet, gewinnt es diesen Krieg. Der Schock aber sitzt tief und wirkt bis heute nach.

Es ist allerdings nicht damit getan, die bekannten Kriege zu erwähnen. Israel ist im Grunde seit seiner Staatsgründung im Kriegszustand. Immer und immer wieder. Es sind Kriege, in denen Israel sein Recht auf Selbstverteidigung wahrnimmt.

Doch bleiben nicht alle Nachbarn Feinde Israels. 1979 kann Israel einen Friedensvertrag mit Ägypten schließen. Unter der Vermittlung von US-Präsident Jimmy Carter reichen sich Anwar el-Sadat und Menachem Begin feierlich die Hand. Beide bekommen dafür den Friedensnobelpreis. 1981 erliegt Sadat einem Attentat.

Unter der Vermittlung von US-Präsident Bill Clinton gibt es auch mit den Palästinensern Fortschritte. So wird 1994 von Jitzchak Rabin und Jassir Arafat das Oslo-I-Abkommen (Gaza-Jericho-Abkommen) unterzeichnet. Die Palästinenser versprechen, das Existenzrecht Israels anzuerkennen, und bekommen autonome

Gebiete in Gaza und um Jericho. In Jericho wird daraufhin die Palästinensische Autonomiebehörde (PA) eingerichtet. Beide Politiker bekommen dafür den Friedensnobelpreis. 1995 wird Rabin von einem radikalen Ultra-Nationalisten umgebracht. Arafat kehrt später zum Terror zurück, mit dem er nie wirklich gebrochen hat. Die Charta der PLO, in der die Vernichtung Israels als Ziel ausgerufen ist, ändert er nicht.

Ein echter Lichtblick ist der Friedensvertrag mit Jordanien 1994. Jordanien entwickelt sich in der Folgezeit zu einem recht stabilen Nachbarn Israels und zu einem ausgleichenden Faktor in Nahost.

1995 kommt es zu den Oslo-II-Abkommen. Der entscheidende Punkt darin ist, dass die Autonomie der Palästinenser ausgebaut wird. Im Westjordanland gibt es nun drei Zonen. Zone A steht unter vollständiger Selbstverwaltung der palästinensischen Autonomie. Zone B steht unter ziviler Selbstverwaltung, bleibt aber militärisch unter Israels Kontrolle. Zone C bleibt aus Sicherheitsgründen ganz unter israelischer Kontrolle. Im Rahmen der israelischen Kontrolle bekommen die Palästinenser also so etwas wie Inseln der Selbstverwaltung.

2020 erfolgt ein nächster großer Schritt. Unter Vermittlung von US-Präsident Donald Trump kommt es zu dem sogenannten Abraham-Abkommen. Es entstehen Friedensverträge zwischen Israel und den Vereinigten Arabischen Emiraten und Bahrain. Für islamische Nationen ist solch ein Schritt immer ein Risiko, werden sie doch von anderen schnell als Verräter und Kollaborateure mit dem Feind abgestempelt.

Doch ist der Konflikt mit den Palästinensern nur eines unter vielen Themen. Weitere Herausforderungen sind die Wasserversorgung, die beständige Zuwanderung, die hohen Militärausgaben, die Armut eines Viertels der Bevölkerung, die Bedrohung durch den Iran, das Verhältnis von Staat und Religion und die gesellschaftlichen Spannungen.

## Israelisch-palästinensische Knackpunkte

Im Konflikt zwischen Israel und den Palästinensern gibt es vier Themenfelder, die den Nahostkonflikt ausmachen: das Land, Jerusalem, die Siedlungen und die Flüchtlinge.[21]

Nach westlichen Vorstellungen sollen das Land und die Heilige Stadt Jerusalem geteilt werden (Zwei-Staaten-Lösung). Doch wird diese Idee im Westen weit positiver gesehen als von den Betroffenen selbst. Israel müsste fürchten, dass ein Palästinenser-Staat zur Plattform für Terroristen wird. Radikale Islamisten würden solch eine Plattform allzu gerne nutzen. Es muss also noch viel geschehen, bis dieser Ansatz wirklich Zukunft hat. Alternativ gibt es die Idee, die Palästinenser in den Staat Israel zu integrieren (Ein-Staaten-Lösung). Da viele Palästinenser diesen Weg bereits gehen, Staatsbürger sind, Bürgerrechte genießen und gut bezahlte Arbeit haben, ist dies eine Option. Hier tut sich allerdings ein demografisches Problem auf: Wenn alle Palästinenser Staatsbürger Israels werden, dann werden sie eines Tages die Mehrheit haben. Sind die Juden dann noch sicher und kann der Staat Israel bestehen bleiben?

Inzwischen macht sich die Erkenntnis breit, dass solch grundsätzliche Lösungen momentan ohnehin nicht zu erreichen sind. Also lebt man ohne Lösung. Dies wiederum hat den Vorteil, dass Lösungen im Kleinen gesucht werden und man vor Ort nach praktikablen Formen des Zusammenlebens sucht. Ein großes Problem ist allerdings die islamische Lehre, dass Gebiete, die einmal islamisch waren, nie wieder in andere Hände fallen dürfen. Auch die

Beeinflussung der palästinensischen Bevölkerung durch die Fatah und die Hamas behindert diese praktischen Lösungen.

Ein weiteres Thema sind die sogenannten Siedlungen. Im Westjordanland, aus dem eines Tages ein Palästinenserstaat werden könnte, entstehen über die Jahrzehnte jüdische Siedlungen, die sich teilweise zu großen Städten entwickeln. Aus palästinensischer Sicht müsste ein Staat Palästina ganz den Palästinensern gehören – und frei von Juden sein. Da kann man sich schon die Frage stellen: Warum eigentlich? Warum dürfen in diesem Staat keine Juden leben? Bei der Gründung des Staates Palästina müssten diese Siedlungen also zwangsweise geräumt werden. Dies betrifft Hunderttausende von Juden, die man umsiedeln müsste. Es betrifft aber auch zahllose Palästinenser, deren wirtschaftliche Grundlage von den Siedlungen abhängt. Ist solch ein Plan sinnvoll, richtig und umsetzbar?

Der vierte Punkt sind die Flüchtlinge. Die bereits erwähnten Palästinaflüchtlinge sind auf fünf Millionen Menschen angewachsen. Sie sitzen zwischen allen Stühlen. Ein eigener Staat ist nicht in Sicht, eine Rückkehr nach Israel ist nicht möglich, die Nachbarländer halten ihre Türen verschlossen. All das führt zu Frustration, Gewaltbereitschaft und humanitärer Not. Der Terror ist zwar im Kern islamistisch motiviert, er hat aber in den sozialen Problemen seinen Nährboden.

Zugleich ist Terror kontraproduktiv, denn Israel muss seine Bevölkerung schützen und kann auf Terror nur mit Härte reagieren. Bei uns bringt man den Kindern schon im Sandkasten bei, dass Gewalt keine Lösung ist. In Nahost ist man aber erstaunlich gewalttolerant. Dabei ist es das Geringste, dass bis heute täglich Raketen vom Gazastreifen nach Israel fliegen. Wie würden wir empfinden, wenn wir nie wüssten, wann eine Rakete in unserem Vorgarten oder im Schulhof unserer Kinder explodiert?

Entscheidend ist auch die Erkenntnis, dass beide Seiten keineswegs homogen sind. Auf palästinensischer Seite gibt es israelfreundliche Menschen, aber auch die radikalen Kräfte. Bewegung kann nur entstehen, wenn Kräfte an die Macht kommen, die Israels Existenz anerkennen und auf konstruktive Weise nach gemeinsamen Lösungen suchen. Diese Kräfte gibt es – nur sind sie nicht an der Macht.

Israel wiederum ist eine voll ausgebaute Demokratie westlichen Zuschnitts. Regierende sind ihren Wählern verpflichtet und von Mehrheiten abhängig. Das Spektrum ist jedoch riesig. Es reicht von einer Friedensbewegung, die Gewaltfreiheit fordert, bis zu radikalen Kräften, die entschiedenes Durchgreifen verlangen. Es reicht von weit links bis weit rechts, von Nationalisten bis zu Israelfeinden in den eigenen Reihen, von Ultraorthodoxen bis zu Atheisten. Es ist ungeheuer schwierig, in Israel Politik zu machen.

All die Probleme dürfen nicht darüber hinwegtäuschen, dass es im Alltag erstaunlich gut läuft. Viele Palästinenser arbeiten Tag für Tag in israelischen Firmen, machen einen guten Job, verdienen gutes Geld und man kommt miteinander klar. Die Zusammenarbeit läuft auch in vielen Kibbuzim gut und das enge Zusammenleben in einer Stadt wie Jerusalem ist nicht schlechter als in anderen Großstädten der Welt. Eigentlich vertragen sich die Menschen recht gut. Nur kommt das nicht in den deutschen Nachrichten an.

Die Probleme liegen mehr auf der Ebene der »hohen Politik« als im praktischen Miteinander der Menschen. Das Hauptproblem scheint mir zu sein, dass die Region im Würgegriff radikal islamistischer Kräfte ist. Sie erziehen die palästinensischen Kinder zum Hass, unterdrücken die eigenen Leute und verhindern konstruktive Prozesse. Ihr Ziel ist es nicht, zu einer gemeinsamen Lösung zu finden, sondern Israel zu vernichten.

Sollte es den Palästinensern gelingen, sich von diesen Kräften zu befreien, dann würden sich ganz neue Perspektiven ergeben. Vielleicht gelingt das ja eines Tages. Vielleicht findet sich dann eine Lösung, die heute noch gar nicht im Blick ist. Und vielleicht wird diese Lösung sogar noch erreicht werden, bevor der Messias wiederkommt. Vielleicht.

## Wie es weitergeht

Im folgenden Kapitel werden wir die Gegenwart verlassen und den Blick nach vorne richten: auf die Endzeit. Welche Perspektiven bietet eigentlich die Bibel für Israel und den Nahen Osten? Eine Perspektive will ich vorwegnehmen, weil sie so gut zum Thema passt: Hesekiel 47,21-23. Dort steht, wie Gott sich das Zusammenleben vorstellt, wenn Israel in sein Land zurückkommt. Klar ist, dass das Land für Israel bestimmt ist. Klar ist aber auch, dass Gott ein friedliches Zusammenleben mit den dort lebenden Ausländern bzw. Fremdlingen will. Dort heißt es:

> Dieses Land sollt ihr unter den Stämmen von Israel aufteilen. Ihr sollt es als Erbbesitz für euch und für die Ausländer, die sich euch angeschlossen haben und Kinder bei euch bekommen haben, durch das Los verteilen. Sie sollen wie Einheimische sein unter den Israeliten und wie die Stämme von Israel einen Erbbesitz durch das Los erhalten. Alle Ausländer sollen im Gebiet des Stammes, bei dem sie jetzt leben, ihren Erbbesitz erhalten. Ich, Gott, der Herr, habe gesprochen!

Diese Worte sind ein fernes Ziel. Spätestens wenn der Messias kommt, werden diese Worte Realität werden. Dann wird Friede sein.

# Endspurt und Ziel: Wie doch noch alles gut wird

Viertausend Jahre Israel liegen hinter uns. Das war ein langer Weg. Nun kommen wir zum letzten Kapitel der Heilsgeschichte, zur Endgeschichte oder der sogenannten Endzeit. Vielleicht wird dir etwas unbehaglich, wenn du diesen Begriff hörst. Dann wirst du überrascht sein, wie sich das Bild verändert, wenn man vom Alten Testament bzw. von Israel herkommt.

Die Endzeit ist kein Thema, das zum Angstmachen da ist. Man kann sie sich einfach vorstellen wie den Endspurt eines Marathons. An dieser Stelle sind wir nun angekommen. Was ich nun schildere, ist die letzte Wegstrecke bis zum Ziel. Ich kann und will hier nur die Grundlinien nachzeichnen. Gerade das aber hilft zu verstehen, worum es in Sachen Endzeit eigentlich geht.

## Warum gibt es überhaupt eine Endzeit?

Der Grund für die Endzeit liegt bereits im Anfang, in dem großen Versprechen Gottes an Abraham (1. Mose 12,1-3). Erinnerst du dich? Dort verspricht Gott, dass Abraham ein Land bekommen soll und aus seinen Nachkommen ein Volk werden wird. Volk und Land ergeben eine Nation (Israel) und das Ganze dient zum Segen für die Welt. Das ist der Plan. Und das ist der Beginn der seit Jahrtausenden laufenden Heilsgeschichte, die noch immer nicht zum Abschluss gekommen ist. Das heißt: Seit Abraham leben Gläubige in einer ständigen Erwartung, dass Gott alle seine Versprechen erfüllt und die Weltgeschichte zum Abschluss bringt. Das ist etwas durch und durch Positives. In dieser Denkweise muss es eine letzte Phase der Geschichte geben – und das ist die Endzeit.

Laut der Bibel leben wir allerdings schon mittendrin in dieser Zeit. Denn die Endzeit hat bereits mit Pfingsten begonnen (Apostelgeschichte 2). Wann aber wird sie enden und was wird sie noch bringen? Diese Frage lässt sich nur beantworten, wenn man die Heilsgeschichte insgesamt überblickt.

Der große Bogen der Heilsgeschichte wird über die ganze Bibel gespannt. Er reicht von Abraham bis zur Offenbarung. Viele Christen nehmen das nicht wahr, weil sie dem Neuen Testament Priorität geben und das Alte Testament nur als »Vorstufe« sehen, die man eigentlich nicht mehr wirklich braucht. Das hat zur Folge, dass der heilsgeschichtliche Bogen zerbricht und zahlreiche herrliche Endzeitverheißungen Gottes aus dem Blick geraten. Mit dem Alten Testament verliert man die Heilsgeschichte und mit der Heilsgeschichte verliert man den Sinn der Endgeschichte.

Die Endzeit ist dann nicht mehr Teil der Geschichte Gottes, sondern lediglich ein Angst machendes Szenario, dem man lieber ausweicht. Das ist die Situation in vielen Gemeinden. Von daher mein Vorschlag: Lass uns ganz vorne anfangen und zu einer neuen Sicht auf die Endzeit kommen.

## Noch einmal: Israel in der Bibel

Zu Beginn möchte ich kurz wiederholen, was die Bibel zu Israel sagt. Das müssen wir vor Augen haben. Gott verspricht Abraham, aus ihm eine Nation zu machen: Israel. In Ägypten wird Israel zu einem großen Volk. Gott führt dieses Volk durch Mose mit Zeichen und Wundern aus der ägyptischen Sklaverei heraus. Der Exodus ist ein gigantischer Befreiungs- und Paukenschlag. Gott ist voll in Aktion, Israel ist überwältigt. Am Sinai schließt Gott einen Bund mit Israel. Gott erwählt Israel als sein Eigentumsvolk und gibt ihm die Thora. Die Thora ist das Dokument des Bundes – sozusagen der Vertrag – und die Grundlage eines Lebens mit Gott. Gott will Israel. Er will Israel zu einer Nation machen, zu einer heiligen Nation.

Der Plan scheitert immer wieder, weil Israel oft den Bund bricht. Die Folge ist Gericht. Die schlimmste Form des Gerichts ist die Zerstreuung. Immer wieder sendet Gott Propheten. Zuletzt versucht Jesus, der größte Prophet und Messias, Israel unter die schützenden Arme Gottes zu sammeln (Matthäus 23,37-39). Aber Israel macht nicht mit und ist schutzlos den Römern ausgeliefert. Was die Römer mit Israel machen, haben wir gesehen. Seither läuft die Geschichte Israels vorwiegend außerhalb des Landes weiter.

Doch dabei wird es nicht bleiben. Denn das würde der Bestimmung und Erwählung Israels widersprechen (vgl. Römer 11,28-29). Schon durch den frühen Propheten Amos sagt Gott klar, wohin die Reise geht: *»Ich werde sie fest einpflanzen in dem Land, das ich ihnen geschenkt habe«, spricht der Herr, euer Gott, »dann werden sie nie mehr ausgerissen werden«* (Amos 9,15).

Damit ist das Raster Gottes klar:

- Gott hat Israel erwählt und bleibt dabei.
- Das Gericht und die Zerstreuung werden nicht das letzte Wort sein.
- Gott wird Israel wiederherstellen und für immer erlösen.

In Psalm 126 kommt diese Perspektive auf berührende Weise zum Ausdruck. Dort heißt es:

> Wenn der Herr die Gefangenen Zions erlösen wird, so werden wir sein wie die Träumenden. Dann wird unser Mund voll Lachens und unsre Zunge voll Rühmens sein. Da wird man sagen unter den Völkern: Der Herr hat Großes an ihnen getan! Der Herr hat Großes an uns getan; des sind wir fröhlich. Herr, bringe zurück unsre Gefangenen, wie du die Bäche wiederbringst im Südland. Die mit Tränen säen, werden mit Freuden ernten. Sie gehen hin und weinen und tragen guten Samen und kommen mit Freuden und bringen ihre Garben.
> *Psalm 126;* LUT

Die Wiederherstellung und Erlösung Israels ist eines der großen Endzeit-Projekte Gottes. Sie wird sogar die Völker in Erstaunen versetzen, sodass sie Gott loben und preisen. *Freut euch, ihr Völker, gemeinsam mit seinem Volk!* (Römer 15,10; 5. Mose 32,43). Das ist eine der ganz großen Endzeit-Perspektiven der Bibel! Gott wird am Ende der Geschichte seine Versprechen erfüllen und seine Verheißungen wahr machen. Das ist Endzeit. Deshalb gibt es sie. Die Endzeit ist Erfüllungszeit, sie ist Gottes Zeit!

## Das Ende der Unheilszeit

Wenn Israel wiederhergestellt werden soll, dann muss sich einiges ändern. Deshalb kündigt Gott im Neuen Testament an, dass das Unheil Israels ein Ende haben wird. Zerstreuung, Unterdrückung und die Verhärtung der Herzen wird es nur bis zu einem bestimmten Zeitpunkt geben. Dann wird Israel wiederhergestellt und vollständig erlöst werden. Im Neuen Testament gibt es drei Stellen, wo vom Ende der Unheilszeit die Rede ist. Achte beim Lesen auf das Wörtchen *bis!*

In seinem Klageruf in Matthäus 23 kündigt Jesus die Zerstörung Jerusalems bzw. Israels an. Das haben wir bereits gesehen. Doch geht es noch weiter: *Denn ich sage euch: Ihr werdet mich von jetzt an nicht sehen, bis ihr sprecht: Gelobt sei, der da kommt im Namen des Herrn!* (Matthäus 23,39; LUT). Die Wendung *Gelobt sei …* ist eine Grußformel, wie das deutsche *Herzlich willkommen.* Wenn Israel und sein Messias zusammenkommen – sei es im Glauben, sei es bei Jesu Rückkehr –, dann wendet sich das Blatt. Denn der Messias wird kommen, um Israel wiederherzustellen und zu erlösen. Das ist der innerste Kern seines Auftrags.

Ähnlich sagt es Jesus in Lukas 21,24: *Jerusalem wird erobert und dem Erdboden gleichgemacht werden von den fremden Völkern, bis ihre Zeit zu Ende ist.* Eines Tages wird die Zeit der Völker abgelaufen sein. Dann wird Jerusalem wieder den Juden gehören und die zentrale Stadt im wiederhergestellten Israel sein. Dass ganz Jerusalem seit 1967 wieder voll unter israelischer Kontrolle ist, ist von daher aufsehenerregend. Allerdings mit einer Ausnahme: dem Tempelberg. Wie Gott mit dem Tempelberg verfahren wird, wird noch interessant werden. Da bin ich selbst gespannt.

Einen anderen Akzent setzt Paulus in Römer 11,25b-26a: *Das Herz mancher Juden ist verschlossen, doch das wird nur so lange anhalten, bis die von Gott bestimmte Anzahl von Menschen aus den anderen Völkern zu Christus gefunden hat. Dann wird ganz Israel gerettet werden, wie es schon bei den Propheten geschrieben steht.* Das Nein der Juden zu Jesus wird enden. Dann werden Israel und sein Messias zusammenfinden – zur Erlösung Israels.

Du siehst: Die Bibel sagt deutlich, dass die Zeit der Zerstreuung enden wird. Nach der Unheilszeit kommt die Heilszeit. Und die wird nie wieder enden.

## Die Wiederherstellung Israels

In der Bibel gibt es verschiedene Verheißungen der Wiederherstellung Israels. Sie haben einen unterschiedlichen »Radius« und liegen wie konzentrische Kreise ineinander. Versprochen ist die Wiederherstellung Jerusalems, Israels, des Nahen Ostens und der ganzen Welt. Auch dazu möchte ich im Originalton Gott bzw. die Propheten zu Wort kommen lassen.

**Der innerste Kreis: Jerusalem**

Jerusalem ist die Stadt Gottes oder, wie Jesus sagt, *die Stadt des großen Königs* (Matthäus 5,35; Psalm 48,3). Gott wird Jerusalem wieder aufbauen und zu seinem Wohnsitz machen.

> Schau auf Zion, die Stadt unserer Festversammlungen. Du wirst Jerusalem als eine sichere Stätte sehen, als ein Zelt, das nicht mehr abgebaut wird. Seine Pflöcke werden nie mehr herausgezogen und seine Stricke nicht mehr gelöst werden. Denn dort wohnt einer mit uns, der mächtig und herrlich ist: der Herr persönlich.
> *Jesaja 33,20-21a*

**Der zweite Kreis: Israel**

Israel ist in alle Himmelsrichtungen zerstreut. Aber Gott wird sein Volk wieder zurückbringen. Nichts kann ihn aufhalten.

> Doch nun spricht der Herr, der dich, Jakob, geschaffen hat und der dich, Israel, gebildet hat: »Hab keine Angst, ich habe dich erlöst. Ich habe dich bei deinem Namen gerufen; du gehörst mir. Wenn du durch Wasser gehst, werde ich bei dir sein. Ströme sollen dich nicht überfluten! Wenn du durch Feuer gehst, wirst du nicht verbrennen; die Flammen werden dich nicht verzehren! Denn ich bin der Herr, dein Gott, der Heilige Israels, dein Heiland. […] Fürchte dich nicht, denn ich bin bei dir. Ich werde deine Kinder aus dem Osten holen und dich aus dem Westen sammeln. Zum Norden sage ich: ›Gib her!‹ Und zum Süden: ›Halte niemanden zurück!‹ Bring meine Söhne aus der Ferne, meine Töchter aus allen Winkeln der Erde.«
>
> *Jesaja 43,1-3a.5-7*[22]

**Der dritte Kreis: Die Nachbarländer**

Israel kann nur dann in der Ruhe der Erlösung leben, wenn es auch Frieden mit seinen Nachbarn hat. Dafür wird Gott selbst sorgen. Aktuell sind diese Nachbarn islamisch. Das wird sich ändern, denn den Islam als eigenständige und vielfach israelfeindliche Religion wird es dann nicht mehr geben.

> Israel wird an diesem Tag als dritter im Bund mit Assyrien und Ägypten dastehen und ein Segen für die Welt sein. Die drei Länder werden zusammengehören und sie werden ein Segen für die Erde sein. Denn der Herr, der Allmächtige, spricht ihnen seinen Segen zu: »Gesegnet sei Ägypten, mein

> Volk, und Assyrien, das Land, das ich geschaffen habe und Israel, mein besonderes Eigentum!«
>
> *Jesaja 19,24-25*[23]

**Der größte Kreis: Die Welt**

Am Ende erreicht Israel solch eine Ausstrahlung, dass die ganze Welt herbeiströmt.

> In den letzten Tagen wird der Berg, auf dem das Haus des Herrn steht, zum wichtigsten Gipfel werden und sich über alle anderen Berge erheben. Alle Völker werden zu ihm strömen. Scharenweise werden sie herbeikommen und sagen: »Kommt, wir wollen auf den Berg des Herrn, zum Haus des Gottes Israels, gehen. Dort wird er uns seine Wege lehren, damit wir auf seinen Pfaden gehen.« Denn dann wird die Lehre des Herrn von Zion ausgehen und sein Wort von Jerusalem.
>
> *Jesaja 2,2-3*

Das sind gewaltige Perspektiven, die noch lange nicht erreicht sind. Dennoch hat die Wiederherstellung Israels bereits begonnen. Die Rückkehr der Juden in ihr Land ist seit Jahrzehnten im Gange. Die Staatsgründung Israels 1948 und die Wiedervereinigung Jerusalems 1967 liegen auf den Linien der biblischen Verheißungen und sind Marksteine der Wiederherstellung. Das allein ist schon ein Wunder. Allerdings haben wir noch keinen Frieden im Nahen Osten. Israel hat die innere Erlösung der Herzen im Neuen Bund noch nicht erfahren und der Messias ist noch nicht zurückgekehrt. Es fehlt also noch eine ganze Menge, bis das Ziel erreicht ist.

## Gottes Groß-Projekte

Das Israel-Projekt ist ja schon groß genug, aber Gott hat zwei weitere Groß-Projekte am Laufen. Das erste ist die Missionierung der Welt. Jesus selbst spricht davon, dass das Evangelium alle Menschen erreichen soll, und seinen Leuten hat er den Mega-Auftrag mitgegeben, alle Völker zu Jüngern zu machen (Matthäus, 24,14; 28,19-20). Das ist eine krasse Geschichte!

Aktuell läuft das Evangelium wie nie zuvor. Es läuft um die ganze Welt. Länder wie China und der Iran werden im Untergrund in ungeheurer Geschwindigkeit erreicht. Noch nie gab es so viele Missionare und Missionsbewegungen. Voll am Start sind die Wycliff-Bibelübersetzer. Stand heute gibt es Übersetzungen der Bibel oder einzelner Teile in ca. 3 500 Sprachen. Ungefähr 2 000 Sprachen fehlen noch, in ca. 2 000 Sprachen ist man an der Arbeit. Das große Ziel ist es, dass bis 2025 in jedem Volk, das noch eine Übersetzung braucht, ein Übersetzungsprojekt begonnen hat.[24]

Das zweite Großprojekt ist die Gemeinde. Wenn Jesus wiederkommt, will er die Gemeinde *ohne Flecken und Runzeln* antreffen (Epheser 5,27). Hier wird der Vergleich mit einer reinen und schönen Braut gezogen. Wir sollen also eine Gemeinde sein, die sich für nichts schämen muss und sich von ganzem Herzen darauf freut, Jesus empfangen zu können. Wenn ich in die Christenheit hineinschaue, möchte ich behaupten, dass da noch viel Luft nach oben ist. Zugleich tut sich eine Menge. In den letzten Jahrhunderten ist ungeheuer viel passiert. Da haben wir die Reformation, die das Evangelium wieder zum Leuchten bringt. Wir haben den Pietismus, der die Hingabe und die Nachfolge neu entdeckt. Dann gibt es die Heiligungs- und Erweckungsbewegungen. Zuletzt gibt es die pfingstlich-charismatischen Aufbrüche, die zu der größten globalen Erweckung der Kirchengeschichte geworden sind. In Deutschland merkt man von alldem nicht immer so viel. Aber weltweit herrscht eine ungeheure Dynamik, die die Gemeinde Jesu grundlegend verändert hat.

Warum gibt es diese drei Groß-Projekte: Israel, Weltmission und Gemeinde? Weil in allen dreien Gott mit drin ist. Über Israel gibt es eine Bestimmung Gottes, die darauf drängt, in Erfüllung zu gehen. Hinter der Weltmission steht das Evangelium, das darauf ausgelegt ist, allen Menschen verkündigt zu werden. In der Gemeinde wirkt der Heilige Geist, der darauf aus ist, die Gemeinde in eine herrliche Braut zu verwandeln. Diese Projekte stehen auf Gottes Tagesordnung und so ist er selbst dahinterher, sie zum Ziel und zum Abschluss zu führen.

Wenn Gott diese Projekte umsetzt, dann verändern sie das Angesicht der Erde. Dann wird Israel aus aller Herren Länder gesammelt und im eigenen Land wiederhergestellt. Die Völker dieser Erde werden mit dem Evangelium erreicht und zu Jüngern Jesu gemacht. Und die Gemeinde bürstet sich den Staub von zweitausend Jahren aus den Haaren und erscheint in neuem Glanz. Das ist es, was Gott will. Daran arbeitet er. Das ist Endzeit! Und es geschieht jetzt, vor unseren Augen.

Wichtig ist, dass wir diese Projekte kennen und die Fluchtpunkte sehen. Diese Fluchtpunkte sind Gottes Visionen. Kannst du das erlöste Israel vor deinem inneren Auge sehen? Kannst du sehen, wie das Evangelium von Mund zu Mund verkündigt wird und die Erde erfüllt? Siehst du die Gemeinde, die von der grauen Maus zu einer atemberaubenden Schönheit wird? Dann kannst du sehen, wo Gott hinwill. Und dann kannst du reagieren und zu Gott sagen: »Was für geniale Projekte, da mache ich mit!«

Wenn du dich von Gott anstecken lässt und deinen Fokus auf diese drei Projekte richtest, dann hat die Endzeitangst keine Chance. Wenn sie dann bei dir anklopft, wirst du ihr sagen: »Sorry, ich bin beschäftigt. Komm später wieder.« Oder bodenständiger formuliert: Fokussiere dich auf deinen Auftrag und dein Herz bleibt bewahrt.

## Schattenseiten

Jetzt erst, nachdem klar ist, was die Endzeit an Gutem bringen wird, komme ich auch auf die Schattenseiten zu sprechen. Wie sagt man so schön? Der Feind schläft nicht. Das ist natürlich auch bei diesen drei Projekten der Fall. Der Teufel lässt sich alles Mögliche einfallen, damit Israel nicht zur erlösten Nation werden kann. Wo es ihm möglich ist, verhindert er die Verkündigung des Evangeliums, und er schadet der Gemeinde, wo immer er kann. Gott richtet seine Herrschaft auf, der Satan aber hält dagegen. Das ist eine Grundspannung, die die Welt schon immer in Atem hält: die Spannung zwischen Gut und Böse, Licht und Finsternis, Christus und Antichrist, Geist und Fleisch, Reinheit und Unreinheit, Thora und Sünde, göttlich und menschlich usw. An dieser Stelle tobt ein Kampf, den du sicher auch aus deinem eigenen Erleben kennst. Dieser Kampf ist ein Teil der Endzeit-Realität.

In der Offenbarung des Johannes geht der Kampf so weit, dass sich der Satan und seine Helfer mit der *Hure Babylon*, einer endzeitlichen Weltmacht, zusammentun und die Christen verfolgen (Offenbarung 17–19). Im Buch Sacharja macht sich die Welt gemeinsam auf, um Israel zu vernichten (Sacharja 10–13). Ob diese Texte wörtlich zu verstehen sind oder geistliche Realitäten bildhaft zum Ausdruck bringen, weiß ich nicht. Auch die zeitliche Einordnung fällt schwer. Doch wird hier wieder eine Spannung sichtbar: die Welt und ihre Leute gegen Gott und seine Leute. Diese

Spannung kennt wohl jeder Christ, und dass sie globale Ausmaße annehmen kann, darf einen nicht verwundern.

Jesus wiederum spricht von den *Wehen* der Endzeit (Markus 13,8; LUT). Kriege, Hungersnöte, Krankheiten und Erdbeben sind ihre Kennzeichen. Diese Kennzeichen findet man schon im Mittelalter – denk nur mal an den Dreißigjährigen Krieg und die Pest –, man findet sie hier und heute und man wird sie auch in Zukunft finden. Daran wird sichtbar, wie nötig die Welt Gott hat. Heute mehr denn je. Dass Jesus diese Nöte als *Wehen* bezeichnet, ist jedoch interessant. Wehen sind die Schmerzen vor der Geburt eines Babys und sie sind nötig, damit es zur Welt kommen kann. Diese Wehen sind also ein Anzeichen dafür, dass das Gute (das Reich Gottes) sich im Anmarsch befindet. Die Wehen an sich sind natürlich nicht gut. Aber sie verheißen Gutes. Wenn du mal bei einer Geburt dabei warst, dann weißt du, dass Frauen die Wehen »veratmen«, sich aber ganz auf die Geburt des Kindes konzentrieren. Wieder gilt: Konzentriere dich auf das Reich Gottes, nicht auf die schmerzhaften Begleitumstände. Das ist tröstlich, oder?

Nach allem, was wir nun erörtert haben, überrascht es, dass die Endzeit auch eine ganz unauffällige Seite hat. Es ist keineswegs alles Katastrophe und es geht auch nicht ständig bergab. Jesus spricht davon, dass die Menschen ganz normal ihr Leben leben. Sie essen, trinken und heiraten, sie kaufen und verkaufen, sie pflanzen und bauen – und plötzlich bricht das Endgericht herein. Überraschend und ohne Vorzeichen (Lukas 17,26-29). Auch das ist Endzeit: alles wie immer. Die Botschaft: Lass dich nicht täuschen, wenn alles ganz normal läuft. Jesus kann dennoch wiederkommen. Deshalb muss man immer bereit sein.

## Jesus kommt wieder

Wann kommt Jesus wieder? Das weiß kein Mensch. Das Verrückte ist: Nicht einmal Jesus selbst weiß es. So sagt er es in Matthäus 24,36. Wie sollten wir es also wissen?

Vielleicht glauben wir, zumindest das Jahrhundert zu kennen. Denn momentan spitzt sich alles so zu, dass es eigentlich nur unser Jahrhundert sein kann. Das dachten die Christen in früheren Jahrhunderten aber auch. Vielleicht ist es gut, an dieser Stelle mal ganz ehrlich zu werden und zu sagen: Wir wissen es einfach nicht. Deshalb sind auch alle Berechnungen und Endzeit-Fahrpläne eine fragwürdige Sache. Jesus kann jederzeit wiederkommen oder noch lange auf sich warten lassen. Das ist die simple Wahrheit (vgl. die Lehre Jesu in Matthäus 24 und 25).

Wenn Jesus wiederkommt, dann hält er laut der Bibel Gericht und richtet das Reich Gottes auf. Er stellt Israel endgültig wieder her, bringt aber auch die ganze Welt in Ordnung. Das ist sein Job als Messias.

Imponierend ist die Darstellung in der Johannesoffenbarung. Dort kommt es in den letzten Kapiteln zu einem richtigen Showdown, der den Schlachten aus den *Herr-der-Ringe*-Filme in nichts nachsteht. Jesus räumt regelrecht auf. Zunächst wird die Hure Babylon entmachtet (Offenbarung 17–19). Dann landet einer nach dem anderen im Feuersee: zunächst die satanische Dreieinigkeit, nämlich das Tier, der falsche Prophet und der Teufel (Offenbarung 19,20; 20,10). Dann der Tod und das Totenreich (Offenbarung 20,14) und zuletzt auch die, die nicht im Buch des Lebens zu finden sind (Offenbarung 20,15). Sie alle werden sozusagen aus dem Verkehr gezogen, sodass sie in Zukunft keinen Schaden mehr anrichten können. Dann kommt die neue Welt mit einem neuen Jerusalem und einer neuen Menschheit (Offenbarung 21). Jesus macht alles neu (Offenbarung 21,5; 22,20). Am Ende werden alle Verheißungen erfüllt sein und es gibt kein Leid und keine Tränen mehr. Das ist Leben pur. Für immer und ewig.

Paulus sagt dasselbe, aber in einer sachlicheren und nüchterneren Sprache, als die bilderreiche Offenbarung es tut. Lies doch mal 1. Korinther 15,20-28. Paulus spricht dort davon, dass Jesus wiederkommt und seinen Sieg aufrichtet. Alle feindlichen Mächte und Kräfte werden eine nach der anderen überwunden, bis als letzter Feind sogar der Tod vernichtet wird. Am Ende wird Gott *alles in allem* sein (1. Korinther 15,28; LUT). Dann ist das Ziel erreicht. Wenn Gott die ganze Erde komplett ausfüllt, dann kann es nichts Negatives oder Böses mehr geben. Dann ist wahrhaftig alles gut. Es ist also kein frommer Wunsch, sondern biblische Verheißung: Am Ende wird alles gut.

An dieser Stelle wird auch der Punkt erreicht sein, wo Israel keine Sonderstellung mehr hat. Denn wenn die ganze Welt vollständig von Gott bestimmt ist, ist eine Sonderstellung weder möglich noch nötig. Der Prophet Habakuk hat dies bereits angekündigt. Er sagt: *Die ganze Erde wird die Herrlichkeit des Herrn erkennen und davon erfüllt sein, so wie Wasser das ganze Meer füllt* (Habakuk 2,14). Die ganze Welt voller Gott – das ist das Ziel. Was dann noch bleibt, ist die Erinnerung. Die Erinnerung an die Heilsgeschichte, die Gott einst mit Israel geschrieben hat. Diese Ehre wird Israel immer haben.

**Offene Fragen**

Wer sich mit der Endzeit auseinandersetzt, muss sich mit Prophetie beschäftigen, also mit den Vorhersagen eines zukünftigen Geschehens. Dabei kommen folgende Fragen auf:

- Welche Prophetien erfüllen sich vor der Rückkehr Jesu, welche erst danach?
- Welche Prophetien werden sich wörtlich ereignen und wo haben wir es mit bildhafter Sprache zu tun?
- Müssen wir mit zwei Phasen rechnen (alte und neue Welt) oder mit drei (alte Welt, Tausendjähriges Reich nach Offenbarung 20, neue Welt)?

Diese Fragen führen zu unterschiedlichen Endzeit-Konzepten und können nach meinem Kenntnisstand nicht sicher beantwortet werden. Das kann verwirrend sein. Folgende Tatsache kann dir vielleicht helfen, den Durchblick zu behalten: Wir wissen nicht, was wann und wie kommen wird, wir wissen aber, wohin die Reise geht. Konzentrieren wir uns darauf, dann verlieren die anderen Fragen stark an Bedeutung.

## Praktische Konsequenzen

Bleibt noch die Frage, wie wir uns als Christen in der Endzeit verhalten sollten. Entscheidend ist zunächst wie gesagt, den Fokus richtig zu setzen. Achte auf Gott und achte auf dich! Alles andere ist nicht so wichtig. Viele Christen verirren sich in Spekulationen und Ängsten. Das muss nicht sein. Die Bibel sagt, wie Christen sich in der Endzeit verhalten sollen:

- **Lasst euch nicht täuschen!** Zeiten der Not machen anfällig dafür, auf Aussagen von Menschen hereinzufallen, die es angeblich am besten wissen (Lukas 21,8). Folge keinem Menschen, keinem Influencer oder Meinungsmacher. Folge Jesus und warte, bis er kommt.
- **Seid bereit!** Jesus kann jederzeit wiederkommen, auch wenn es vielleicht gerade so gar nicht in unser Leben zu passen scheint (Lukas 12,40). Wenn also noch irgendetwas in unserem Leben nicht in Ordnung ist, sollten wir es in Ordnung bringen. Dann kann Jesus kommen, wann er will. Wir sind bereit.
- **Haltet durch!** Es lohnt sich, dranzubleiben am Glauben (Markus 13,13; 1. Thessalonicher 1,3; Offenbarung 13,10; 14,12).
- **Erhebt eure Häupter!** Gerade in schweren Zeiten gibt der Blick auf Jesus Kraft. Denn die Erlösung kommt (Lukas 21,28).
- **Seid gute und treue Knechte!** Gott will dich gebrauchen in dieser Welt! Du sollst und darfst dein Leben in Verantwortung vor ihm leben (Matthäus 25,21.23). Tu, was Gott dir aufgetragen hat. Das hält dich geistlich und mental gesund.

Christen sollen nüchtern bleiben. Sie wissen, dass die Endzeit keine einfache Zeit ist (Lukas 21,9), sie wissen aber auch, dass solche Dinge geschehen müssen und dass Jesus wiederkommt und alles neu machen wird (Offenbarung 21,5). Als Nachfolger von Jesus konzentrieren wir uns auf das Wesentliche: an der Beziehung zu ihm festhalten, miteinander Gemeinde leben, Nächstenliebe üben, in unserem Umfeld Salz und Licht sein. Wenn wir das treu und gründlich tun, liegen wir richtig!

Entscheidend ist auch, dass wir bei den drei Großprojekten Gottes dabei sind: Israel, Mission, Gemeinde. Für alle drei sollten wir ein Herz haben, weil alle drei Gott am Herzen liegen. Hast du ein Herz für Israel? Ist dir die Mission ein Anliegen? Liebst du die Gemeinde? Dann geh einfach mit Gott mit und tu, was jeweils zu tun ist. Lebe Gemeinde, unterstütze die Mission und diene Israel. Mit deinen Mitteln und Möglichkeiten.

Ein letzter Gedanke: Ganz egal, wo wir aktuell stehen, es kommt, wie es kommt. Das ist sicher. Ganz egal, wie es kommt, Gott ist mit dir. Auch das ist sicher. Bleib an ihm dran, führe ein Leben im Willen Gottes und engagiere dich in seinen Projekten. Alles andere ist Gottes Sache und bei ihm in guten Händen.

## Wie es weitergeht

Wir sind am Ende der Heilsgeschichte angelangt. Das Buch ist zu Ende und deshalb geht es nicht mehr weiter. Ich hoffe, die Reise hat sich für dich gelohnt und du bist Israel ein Stück nähergekommen.

Eins aber fehlt vielleicht doch noch: Was bewirkt das Gelesene in deinem Denken und Handeln? Was kannst du ganz konkret und praktisch tun? Diese Fragen führen uns in das nächste und wirklich letzte Kapitel. Denn wie es weitergeht, liegt nun an dir.

# Was nun?
# Fazit und Konsequenzen

Es ist nun Zeit, zu einem Fazit zu kommen. Manches versteht sich fast von selbst, dennoch will ich dir noch ein paar praktische Hinweise geben. Letztendlich lautet jedoch die Frage: Welche Konsequenzen ziehst du ganz persönlich aus dem, was du nun über Israel weißt?

## Beim Bibellesen das große Ganze sehen

Wir haben viel über den großen Bogen der Heilsgeschichte nachgedacht, der mit Abraham beginnt und im ewigen Reich Gottes endet. Diesen Bogen sollten wir immer vor Augen haben. Dann haben wir eine ganzheitliche Sicht und das ist entscheidend. Wenn du in den Mosebüchern liest, dann behalte im Blick, was alles noch kommen wird. Wenn du die Propheten liest, dann bedenke, was zuvor war und was noch aussteht. Wenn du im Neuen Testament liest, dann mach dir klar, dass es dort um den Messias (Jesus) geht.

Als Messias ist Jesus eingebettet in den großen Bogen der Heilsgeschichte. Dieser Bogen wird uns aber im Alten Testament vorgestellt. Dort skizziert Gott das Gesamtbild. Von A bis Z. Also merk dir am besten: Das Alte Testament beinhaltet das große Ganze (Pfeil), das Neue behandelt die Person Jesus (Punkt). Natürlich gibt es zwischen beiden einen Zusammenhang: Jesus bringt die Heilsgeschichte zum Ziel und zum Abschluss. Trotzdem bleibt es im Grundsatz dabei: Im Alten Testament finden wir die Gesamtsicht, im Neuen lesen wir von Jesus.

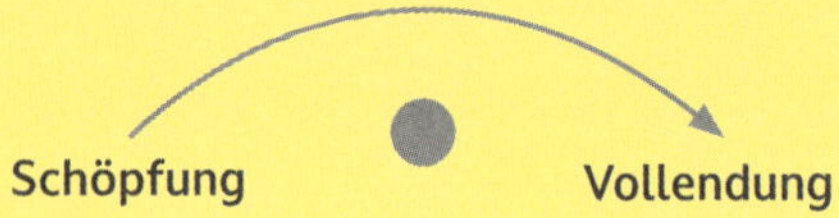


Wenn du so die Bibel liest, dann zerfällt sie nicht mehr in zwei Teile, sondern wird zu einer Einheit. Auf diese Weise verändert sich dein Bibellesen. Dich wird immer wieder die Frage interessieren, wo etwas herkommt und wo es hinführt. Dann verfolgst du die Linien vorwärts und rückwärts und dein Bild des großen Ganzen wird immer klarer. In diesem Bild wird Israel ein wesentlicher Bestandteil sein, denn ohne Israel gäbe es keine Heilsgeschichte. Ob dein Blick also vorwärts- oder rückwärtsgeht – immer stößt du auch auf Israel.

Unterwegs wirst du feststellen, dass sich deine Haltung verändert. Ist es nicht so, dass wir manchmal ganz schön egozentrisch die Bibel lesen? Die Frage ist doch oft: *Was will Gott mir in meiner Situation sagen? Was kann ich mitnehmen? Was tut Jesus für mich und womit darf ich rechnen?* Das ist für meine Begriffe völlig in Ordnung, nur greift es als Ansatz zu kurz. Das Thema der Bibel ist nicht: *Ich, mich, meiner, mir – segne uns doch alle vier.* Das Thema ist die Heilsgeschichte. Wir sind ein Teil darin, aber insgesamt ist sie viel größer als wir. Es kann regelrecht befreiend sein, die großen Ziele Gottes zu verfolgen und unterwegs zu erleben, dass sich manche persönlichen Probleme wie von selbst lösen.

Es gibt drei Blickrichtungen, die jede für sich ihre Bedeutung haben. Wenn du zurückschaust, landest du bei deinen geistlichen Wurzeln. Wenn du nach Israel schaust, landest du beim Volk der

Juden, unserem »älteren Bruder«, und wie Gott mit ihm Geschichte schreibt. Und wenn du nach vorne schaust, siehst du die Fluchtpunkte Gottes und gewinnst Orientierung. Hinter diesen drei Blickrichtungen stehen drei Fragen, auf die ich nun noch ausführlicher eingehen will:

- Wie kannst du ein Wurzelbewusstsein entwickeln?
- Wie kannst du Israel dienen?
- Welche Perspektiven eröffnen sich im Blick nach vorne?

## Back to the roots!

Wenn du Christ bist, bist du irgendwann einmal auf Jesus gestoßen. Jesus hat dich angesprochen, du hast ihm dein Herz geöffnet und bist zum Glauben gekommen. Gratuliere! Irgendwann hast du festgestellt, dass Jesus Jude ist. Alles an ihm ist jüdisch, vor allem alles, was unseren Glauben ausmacht. Der Knackpunkt ist: Jesus ist der Messias. Er ist der Messias Israels. Israel wiederum ist Gottes Volk. Auf diesem Volk liegen eine Erwählung und eine Bestimmung, weil die Juden die Nachkommen Abrahams, Isaaks und Jakobs sind. Was aber ist das Besondere an Abraham? Mit Abraham beginnt die Heilsgeschichte. Die Geschichte, die Gott schreibt, nicht der Mensch. Das heißt: Wenn du von deinem persönlichen Glauben aus Schritt für Schritt zurückgehst, dann landest du bei Abraham und letztlich bei Gott. Denn Gott steht am Beginn der Heilsgeschichte. Er hat sie initiiert, er begleitet sie und führt sie zum Ziel.

Jesus gibt es nicht »pur«, losgelöst von seiner jüdischen Umwelt. Es gibt ihn nur zusammen mit dem Judentum, mit Israel, mit der Heilsgeschichte und vor allem mit dem Gott Israels. Wir haben

Jesus in diesem Paket oder wir haben ihn gar nicht. Das hat zwei Konsequenzen:

- Alles, was wir glauben, kommt aus dieser jüdischen Wurzel. Das sollten wir uns einfach mal bewusst machen.
- In dieser Wurzel gibt es eine Menge zu entdecken. Das kann richtig spannend werden.

Alles, was wir glauben, kommt von den Juden (vgl. Johannes 4,22). Denn die gesamte Offenbarung Gottes findet im jüdischen Volk statt. Von den Juden wissen wir, dass es nur einen Gott gibt und nicht viele. Wir wissen von den Juden, wer Gott ist, was er will und wie er denkt, was Gott getan hat, tut und noch tun wird. Von den Juden wissen wir, was Sünde und Erlösung sind, und von ihnen kam die Offenbarung des Willens Gottes (die Thora). Von den Juden haben wir geniale Konzepte, die unsere Zivilisation, ja die Welt geprägt haben: die Sieben-Tage-Woche, die Zehn Gebote, die Würde des Menschen als Ebenbild Gottes, die jüdisch-christliche Ethik und das Doppelgebot der Liebe (3. Mose 19,18; 5. Mose 6,5), um nur einige Beispiele zu nennen. Durch die Juden kommt Jesus in die Welt, der jüdische Messias, dem wir alles zu verdanken haben: unser Leben, unsere Erlösung, unseren Glauben und unsere Gottesbeziehung. Juden formulieren das Evangelium und tragen es zu uns, zu den Völkern. Die Apostel sind Juden. Auf sie geht das Neue Testament zurück, das für uns Christen von grundlegender Bedeutung ist. Zu den Juden wird Jesus kommen, wenn er eines Tages nach Jerusalem zurückkehrt und weltweit das Reich Gottes aufrichten wird. All das spielt sich im Judentum ab!

Durch Jesus werden wir hineingenommen in die große weite Welt des Judentums. Je mehr wir Jesus als Teil jener Welt begreifen, desto mehr begreifen wir ihn als Person. Wir sehen:

- Jesus als Messias, als Gottes Sohn, Menschensohn, Davids Sohn, Abrahams Sohn, um nur einige seiner jüdischen Titel zu nennen. Sie alle zeigen eine Facette von Jesus auf.
- Jesus als Rabbi, der das Alte Testament auslegt, lehrt, ehrt und liebt. Die jüdische Bibel war Jesu Buch. Etwas anderes hatte er nicht und interessierte ihn auch nicht wirklich.
- Jesus im Gespräch mit Juden: Pharisäern, Sadduzäern, Zeloten, Priestern, Prostituierten, Zöllnern, Kranken, Fischern, Hoch- und Niedrigstehenden – fast alles Juden.

Jesus verändert das Judentum, doch wird er auch vom Judentum geprägt, ja hervorgebracht. Jesus ist mit jeder Faser seines Seins auf das Judentum, die jüdische Bibel und den Gott Israels bezogen. Das Judentum ist seine Identität.

Alle großen Irrlehren der Christenheit hängen mehr oder weniger damit zusammen, dass man Jesus vom Alten Testament und vom Judentum getrennt hat. Das hat Ulrich Parzany einmal in einer seiner Predigten gesagt. Mit einem wurzellosen Jesus kann man fast alles machen. Die Nazis haben ihn sogar zum Arier gemacht. Doch ein im Judentum verwurzelter Jesus hat sein klares und einzigartiges Profil. Wenn du Jesus durch die jüdische Brille betrachtest, wird vieles klarer, einfacher, lebendiger und verständlicher. Es ist spannend, das zu entdecken!

Wenn du diesen Weg gehst, fängst du an, immer mehr selbst jüdisch zu denken – und Teil der jüdischen Welt zu werden. Nicht indem du Jude wirst! Das haben wir schon gesehen. Sondern indem du Teil der Welt wirst, die auch Jesu Welt ist. Im Denken, im Herzen, im Glauben und im Wissen. Dass man auf diesem Weg judenfeindliches Denken komplett verliert und sich Israel zunehmend verbunden fühlt, liegt auf der Hand. Wenn du dann mal eine Synagoge besuchst und gefragt wirst, warum du kommst, dann kannst du sagen: »Weil ich als Christ an euren Gott glaube.« Die Reaktionen werden nicht ausbleiben.

## Israel Gutes tun

Wenn du Israel näherkommst und es als Volk Gottes siehst, dann kommst du auch an den Punkt, dass du den Juden gerne Gutes tun würdest. Sie sind dir dann nicht mehr gleichgültig, sondern wichtig. Wo aber das Herz ist, da investiert man auch. Ich nenne ein paar Beispiele, die aus der Bibel stammen und unseren Auftrag skizzieren:

- **Segen sein.** In 1. Mose 12,3 sagt Gott zu Abraham: *Wer dich segnet, den werde ich auch segnen.* Gemeint sind Abraham und sein Volk, also Israel. Segne Israel! In Gedanken, Worten und Taten. Mit deinem Herzen und in deinen Gebeten. Sende Gutes in die jüdische Welt. Das wird auch dir selbst zum Segen werden.
- **Trost spenden.** In Jesaja 40,1 heißt es: *»Tröstet, ja, tröstet mein Volk«, spricht euer Gott.* Wer könnte hier angesprochen sein? Wer glaubt an Gott und sieht Israel als sein Volk? Wir Christen natürlich. Dieser Vers war die Geburtsstunde des christlichen Dienstes an Holocaustüberlebenden. Doch Israel hat allgemein viel auszuhalten und braucht oft Trost.
- **Beten.** Jesaja 62,6-7 sagt, dass Gott Wächter aufgestellt hat, die ihm keine Ruhe lassen, bis Israels Wiederherstellung abgeschlossen ist. Die Rede ist von Menschen, die intensiv beten, einen Stand einnehmen und dranbleiben. Das können nur Leute sein, die Zugang zu Gott haben und sich von

ihm einsetzen lassen: die Juden selbst und vor allem auch wir Christen.

- **Geburtshelfer sein.** In Jesaja 60 wird eine große Szene geschildert: Die Juden kommen aus aller Herren Länder zurück und machen *Alijah*, was in der Bibel die Rückkehr aus der Zerstreuung bezeichnet. Dabei bekommen sie Unterstützung. Fremde bringen Schätze, dienen Jahwe und helfen beim Aufbau Israels. Auch hier können wieder nur wir Christen gemeint sein. Wer sonst?
- **Reden.** Spannend ist Jeremia 31,10 (LUT): *Höret, ihr Völker, des Herrn Wort und verkündet's fern auf den Inseln und sprecht: Der Israel zerstreut hat, der wird's auch wieder sammeln und wird es hüten wie ein Hirte seine Herde.* Verkündige, was du aus der Bibel über Israel weißt. Predige es in der Gemeinde und bekenne es in deinem Umfeld.
- **Einheit leben.** In Epheser 2 spricht Paulus von dem *neuen Menschen*, den Gott aus Juden und Heiden machen wird. Eine neue Menschheit, die in Jesus eins wird. Mit den messianischen Juden kann man das schon mal üben. Dabei kann man viel lernen und Neues entdecken, aber auch ihre Not teilen. Denn sie sitzen oft zwischen allen Stühlen.
- **Demut lernen.** Paulus sagt in Römer 11,18, dass wir uns den Juden gegenüber nicht aufblasen sollen. Geistlicher Stolz gepaart mit Verachtung ist wirklich fehl am Platze. Die Christenheit hat hier oft gesündigt und tut es bis heute. Es bedeutet Arbeit am eigenen Herzen, bis man den Stolz gebrochen hat und Juden mit aufrichtiger Liebe begegnen kann.

Diese praktischen Punkte stehen nicht nur auf dem Papier. Sie werden von Israelfreunden gelebt. Tag für Tag, mit Engagement und von Herzen. Mit Freude und Frusterfahrungen, mit Höhepunkten und Niederlagen. Alles ist drin. Allein kann man oft nur wenig bewirken, aber gemeinsam geht viel. Deshalb schließen sich Israelfreunde in Israelwerken zusammen, um gemeinsam mehr zu erreichen. Ich selbst bin bei solch einem Werk (Christen an der Seite Israels e. V.) angestellt. Deshalb habe ich die Zeit, dieses Buch zu schreiben, das du gerade in Händen hältst.

Mit Israel kann es allerdings nur was werden, wenn es zu einem lebendigen Thema bei uns wird. Folgende Schritte haben sich bewährt:

- **Bleibe informiert**. Hol dir eine gute Israelpublikation, sodass du immer wieder Futter bekommst. Natürlich empfehle ich unsere Zeitung *Israelaktuell* und unsere Newsletter (www.csi-aktuell.de). Aber alle Israelwerke haben Publikationen und jedes hat seine Schwerpunkte. Einen Überblick bekommst du hier: www.cffi-deutschland.de.
- **Bete für Israel.** Das geht am besten mit einem Gebets-Newsletter. Davon gibt es viele. Israel braucht wirklich unser Gebet. Bei all den Herausforderungen ist jeder Beter ein Segen. Gebet richtet sich aber nicht nur an Gott, sondern verändert auch den Beter oder die Beterin selbst. Denn wenn man für Israel und die Juden betet, verbinden sich die Herzen, und daraus kann Gott Neues machen.
- **Mache eine Reise nach Israel.** Israelreisen sind der Hammer. Vor allem Reisen von erfahrenen Veranstaltern. Wenn man mit der Bibel in der Hand Israel bereist, dann wird plötzlich alles so lebendig und kommt einem nah. Viele sagen, dass sie die Bibel danach viel besser verstehen. Die meisten fühlen sich reich beschenkt und Israel nah.

- **Lies die Bibel.** Und lass dabei Israel mitlaufen. Ein guter Tipp ist die *Israel-Bibel*[25]. Lies von Israels Erwählung und Bestimmung und mach das zum Bestandteil deines eigenen Glaubens. Lies Israels Verheißungen (zum Beispiel in Jesaja 40–66), ergreife sie und nimm sie mit ins Gebet. Studiere Römer 9–11, den jüdischen Kontext Jesu und generell das Judentum. Einen einfachen Zugang findest du hier: www.judentum-projekt.de.
- **Vernetze dich.** Wenn man sich mal auf die Suche macht, ist man überrascht, was es alles gibt. Veranstaltungen, Seminare, Bücher, Materialien, Reisen, Netzwerke, Kleingruppen, Arbeitskreise und vieles mehr. Wenn du dich vernetzt, bist du nicht allein, sondern mit anderen unterwegs. Das bringt's.

## Der Blick nach vorne

Nun soll es noch um Israels Zukunftsperspektive gehen. Was hast du damit zu tun?

Für dich heißt das ganz grundlegend, Israels Weg zu begleiten und daran Anteil zu nehmen. Es gibt Juden in aller Welt und den Staat Israel in Nahost. Es gibt gute und schlechte Entwicklungen, Freundschaft und Feindschaft, Solidarität und Gleichgültigkeit. Wenn wir einen Zugang zu Israel haben, dann darf uns all das zu Herzen gehen. Wir fühlen mit, wir leiden mit und wir freuen uns mit. Wir begleiten die Juden auf dem Weg durch die Zeit und lassen Israel einen Reisebegleiter auf unserem Lebensweg sein. Bei mir ist es so, dass Israel einfach zu meinem Leben gehört. So wie meine Freunde, meine Gemeinde, mein Wohnort, mein Chef und meine Kolleginnen und Kollegen.

Die große Perspektive für Israel ist die Wiederherstellung von Israel als Nation, wie sie in der biblischen Prophetie auf vielen Seiten beschrieben wird und nach meiner Überzeugung seit über hundert Jahren am Laufen ist. Ich weiß aber und respektiere es, dass manche damit Schwierigkeiten haben. Wenn es dir so geht, könntest du dir vor Augen führen, dass der Staat Israel nach dem Holocaust gegründet wurde. Damals haben viele begriffen, wie wichtig es ist, dass die Juden endlich einen sicheren Platz auf Erden finden, wo sie nicht in der Minderheit sind. Das sollte uns Christen (auch ohne prophetische Begründung) ein Anliegen sein.

Ist dir auch das zu weit weg, kannst du dich daran erinnern, dass Israel ein vollwertiges Mitglied der Völkergemeinschaft ist. Israel sollte wie jedes andere Land fair, gleich, wohlwollend und gerecht behandelt werden. Das sollte Christen (auch ohne geschichtliche Begründung) ein Anliegen sein.

Fühlst du dich weder in historischen noch politischen Gefilden wohl, kannst du den Blick darauf richten, dass wir Christen einen Auftrag haben. Wir sollen so leben, dass es Juden zum Nacheifern anspornt (Römer 11,11). Heute wird das nur möglich sein, wenn wir Freundschaft, Partnerschaft und Solidarität mit Israel bzw. den Juden an den Tag legen. Alles andere ist nicht überzeugend.

Am Ende des Tages landet man dort, wo man immer landet, wenn es um etwas wirklich Wichtiges geht: auf der Ebene des Herzens. Gott liebt Israel. Deshalb wünscht er sich, dass seine Liebe zu seinem Volk auch in unseren Herzen wohnt. Wir sollten unsere Herzen mit Gottes Herz gewissermaßen synchronisieren, also in Übereinstimmung bringen. Das ist unsere Aufgabe, die Bibel beschreibt das mit dem Begriff der *Heiligung*.

Und was hindert uns eigentlich daran, unseren Grundauftrag zu erfüllen und Israel zu segnen (1. Mose 12,3)? Auf diese Weise steigen wir in den großen Segenskreislauf Gottes ein. Wir segnen

Israel und erleben, wie gerade das zum Segen für uns selbst wird. Das ist genial! Lasst uns zusammen ein Segen sein. Das ist es, worauf es ankommt.

Zuletzt möchte ich dich bitten, nochmals an den Anfang des Buches zu gehen. Du hast dir dort Notizen gemacht, was du über Israel denkst und was dich bewegt. Lies dir das doch noch einmal durch und schau, wo du jetzt stehst. Was hat sich verändert, was ist gleich geblieben? Welche Fragen sind geklärt, welche sind noch offen? Was beschäftigt dich neu, das damals noch gar kein Thema war? Wenn ich in Sachen Israel etwas für dich tun oder dir weiterhelfen kann, dann melde dich: tobias.kraemer@csi-aktuell.de

Ich freue mich, von dir zu hören!

# Für Kleingruppen

Ihr könnt die folgenden Fragen jeweils nach der Lektüre eines Kapitels als Anregung für euer Gespräch nehmen.

- **Persönlicher Austausch:** Was hat dich in diesem Kapitel besonders angesprochen oder beschäftigt? Warum?
- **Prayer Time:** Führt euch die Hauptaussagen dieses Kapitels nochmals vor Augen. Welche Gebetsanliegen (Dank, Lob, Fürbitte, Klage, Jubel, Buße) ergeben sich daraus?
- **Tiefenbohrung:** Nehmt euch gezielt einen für euch wesentlichen Abschnitt des Kapitels nochmals vor. Was ist für uns Christen heute entscheidend zu verstehen?
- **Bible Study:** Studiert eine zentrale Bibelstelle aus diesem Kapitel. Was haltet ihr fest?
- **Dranbleiben:** Was ist für dich persönlich wichtig? Welche Entscheidung möchtest du treffen, was nimmst du mit?

# Anmerkungen

1 Matthäus 19,29; Markus 10,45; Lukas 15; Johannes 3,14-17; Apostelgeschichte 4,12; 10,43; Römer 5,1; 6,10; 8,1; 8,15-16; 1. Korinther 15,54-57; 2. Korinther 5,17-21; Galater 4,6; 6,15; Epheser 2,10; 1. Johannes 3,1; 5,4; Hebräer 7,27.

2 Johannes Gerloff: Verflucht und von Christus getrennt. Israel und die Heidenvölker – Eine Studie zu Römer 9–11. SCM Hänssler 2020.

3 Klaus Wengst: »Freut euch, ihr Völker, mit Gottes Volk!«: Israel und die Völker als Thema des Paulus – ein Gang durch den Römerbrief. Kohlhammer 2008.

4 Flavius Josephus: Bellum Judaicum VI,4,6.

5 Siehe: https://judentum.hagalil.com/dreizehn-glaubenssaetze (zuletzt abgerufen am 25. März 2022).

6 Siehe: https://gaz.wiki/wiki/de/List_of_Jewish_Nobel_laureates (zuletzt abgerufen am 25. März 2022). Lesetipp außerdem: Mario Markus: 222 Juden verändern die Welt. Georg Olms Verlag, Hildesheim 2019.

7 Die Tagebücher von Theodor Herzl im Internet: https://archive.org/details/theodorherzlsta00herzgoog/page/n19/mode/2up (zuletzt aufgerufen am 26. 04. 2022).

8 Siehe dazu folgende Bibelstellen: Hiob 2,11-13; 1. Korinther 12,26; 2. Korinther 1,5-7; Galater 6,2.

9 Peter Schäfer: Kurze Geschichte des Antisemitismus. Verlag C. H. Beck, München 2020. Wenn du weniger lesen willst, kannst du zu Micha Brumlik greifen: Antisemitismus (Ditzingen 2020). Wenn es mehr sein soll, empfehle ich Wolfgang Benz (Hg.): Handbuch des Antisemitismus (München 2008-2015, 8 Bände). Eine alltagsnahe Stimme ist Gunda Trepp: Gebrauchsanweisung gegen Antisemitismus (Darmstadt 2022). Die Feindschaft gegen den Staat Israel thematisiert Manfred Gerstenfeld: Anti-Israelismus und Anti-Semitismus (Stuttgart 2018). Einen Weg der seelsorgerlichen Aufarbeitung zeigt Jobst Bittner: Die Decke des Schweigens (Tübingen 2014).

10 https://islam.de/13827.php?sura=4 (zuletzt abgerufen am 9. Mai 2022).

11 Vergleiche: https://www.audiatur-online.ch/2011/06/22/die-charta-der-hamas/, https://www.kritiknetz.de/images/stories/texte/charta%20der%20hamas.pdf, https://de.wikipedia.org/wiki/Hamas-Charta (zuletzt abgerufen am 9. Mai 2022).

12 https://de.wikipedia.org/wiki/Adolf_Hitler_als_Ehrenb%C3%BCrger (zuletzt abgerufen am 9. Mai 2022).

13 Vgl.: https://www.mena-watch.com/uno-in-2021-14-anti-israel-resolutionen-und-4-gegen-alle-anderen-laender/(zuletzt abgerufen am 12. Mai 2022).

14 Zur Geschichte Israels im 20. Jh. empfehle ich zwei kleine Büchlein. Noam Zadoff: Geschichte Israels. Von der Staatsgründung bis zur Gegenwart (München 2020). Carsten Schliwski: Geschichte des Staates Israel (Stuttgart 2012). Äußerst kompakt ist das von *Christen an der Seite Israels* herausgegebene Booklet: 70 Fragen über Israel. Ein Einsteigerpaket (Bad Homburg 2021).

15 Die Balfour-Erklärung kannst du nachlesen unter https://de.wikipedia.org/wiki/Balfour-Deklaration (zuletzt abgerufen am 9. Mai 2022).

16 Die verschiedenen Teilungspläne und Lösungsversuche sind gut aufbereitet in: Haim Reusch/Johannes Gerloff: Grenzenloses Israel. Ein Land wird geteilt (Nijkerk 2021, erhältlich über www.csi-aktuell.de). Die rechtliche Seite der Staatsgründung Israels und des Nahostkonflikts erläutert Hanspeter Büchi in der Broschüre »Informationen über Israel« (Echad Verlag, Ostermundingen 2022).

17 Zitat gekürzt. Die ganze Erklärung auf Deutsch findet sich hier: https://www.talmud.de/tlmd/unabhaengigkeitserklaerung-des-staates-israel-von-1948/ (zuletzt abgerufen am 4. Juni 2022).

18 Zitiert nach Michael Krupp: Die Geschichte des Staates Israel, Gütersloh 2008, S. 13.

19 Gute Infos über Israel bekommst du auf der Homepage der Israelischen Botschaft in Berlin: https://embassies.gov.il/berlin.

20 Als Beispiel sei *Christians for Israel International* genannt, mit Vertretungen in ca. 40 Ländern der Erde (https://www.c4israel.org, zuletzt abgerufen am 9. Mai 2022).

21 Perspektiven beschreibt Assaf Zeevi in seinem Buch: Wie denn sonst, wenn nicht gemeinsam? Eine hoffnungsvolle Reise durch den Nahostkonflikt, Holzgerlingen 2022.

22 Zur Wiederherstellung Israels gibt es viele Texte in Jesaja 40–66. Große und wichtige Passagen finden sich auch in Jeremia 31–34 und Hesekiel 36–39.

23 Ähnliche Verheißungen gibt es auch in Jeremia 12,14-17; 48,47 und 49,6.39 sowie in Hesekiel 16,53 und 29,14. Dort sind noch andere Nachbarländer im Blick.

24 Siehe https://wycliff.de/dna (zuletzt abgerufen am 5. Juni 2022).

25 Ulrich Wendel, Tabea Tacke, Alexander Schick: Neues Leben. Die Israel-Bibel. SCM R.Brockhaus, Witten 2023.

Assaf Zeevi

**Wie denn sonst, wenn nicht gemeinsam?**
Eine hoffnungsvolle Reise durch den Nahostkonflikt

Der Nahostkonflikt bewegt und polarisiert die Welt seit über 100 Jahren. Assaf Zeevi ist im Schatten des Konflikts aufgewachsen. In diesem Buch nimmt er uns mit auf eine Reise von seinen Anfängen bis in die Gegenwart. Ein Buch voller Hoffnung und dem Glauben an eine Zukunft ohne Hass.

Gebunden, 17 × 21 cm, 288 S.,
4-farbige Innengestaltung
Nr. 396.116, ISBN 978-3-7751-6116-9
Auch als E-Book e